シンプルな暮らしの設計図

柳沢小実

はじめに

買い物、好きです。
欲しいもの、たくさんあります。
そういう人のための収納法があってもいいのでは
長いこと、そのように感じてきました。

私は衣食住、暮らしにまつわるエッセイを書いています。
仕事柄、人一倍モノと関わる機会が多く、
モノとのつき合いの豊かさを日々実感しています。

趣味が高じて整理収納アドバイザーの資格を取得して思ったこと。
捨てるのは解決への最短の近道だけど、
手放すだけでは根本的な解決にはなりません。

結局、物選びがすべての出発点で、
ここを見なおさないと家はキレイにならないのです。

問題点を整理して
収納の設計図をひきなおし
ふさわしい所にしまう。
家の片づけや持ち物の取捨選択は、
さらなる出会いにつながる楽しいプロセスです。

物選びから、収納がはじまる。
新たな「モノとの関わり方」を、ご一緒に考えてみませんか。

柳沢小実

シンプルな暮らしの設計図　目次

第一章　「片づけは苦手」の乗り越え方

第二章　書き出すと片づく

第三章　片づけを実践する

種類と使用頻度で分ける 66 中に入っている物をすべて出すことから始める
「見渡せる」ようにしまう 69 「記憶する収納」が散らかる原因に。ひと目でわかるを心がける
キッチンの片づけ方 72 シンクまわりとコンロまわりで分けて考える
リビングとダイニングの片づけ方 76 上手なかご使いで生活感を隠す
クローゼットと押し入れの片づけ方 81 4ステップで誰でも簡単にすっきりする
さりげなく飾る 85 空間を快適にする飾り方を考える
素材やテイストを「混ぜる」 88 好きなものを組み合わせて、自分らしい部屋をつくる
アレンジで楽しむ 90 春夏秋冬のインテリアを演出するアイデア

第四章　「片づかない」を解決する「物選び」のコツ

第一章

「片づけは苦手」の乗り越え方

片づける前に、どうしてこうなっているのかを考えてみます。ライフスタイル、生活、行動パターンなど、「散らかる理由」が必ずあるはずです。

片づかない原因を知る

捨てても捨てても片づかないのは、いきなり始めるから

今度こそ、キレイな家に住みたい！

あなたが片づけようと奮起したとき、蓋を開けてみるといくつもの原因が混在していることがほとんどです。散らかった部屋は絡まった糸のようなものですから、闇雲に手をつけても太刀打ちできません。手をつける前に現状を分析して、何が問題かを洗い出していきます。

まずはじめに、部屋をぐるりと見回してみましょう。今、どんな状況でしょうか。物が出しっぱなし、服が脱ぎ散らかされている、物の住所が決まっていない……。それぞれの家によって、散らかり方に規則性があるはずです。ライフスタイル、性格、行動パターンなど、そうなる原因もまちまちです。

部屋がいつも散らかっていて、極限まできたところでまとめて片づけるのは、完璧主義の方が多いように思えます。本来とても真面目でキレイ好き。白黒つけたいタイプだから、やるなら徹底的にやりたい。でも、なかなかそうもいかなくて、散らかった状態が続いてしまう。どうでしょう。あなたもそのひとりではありませんか？

でも、そういう人こそ、キレイな部屋に住めるのです。

私たちはいくつもの役割を持っていて、とても忙しいもの。話を聞くと、明らかにキャパオーバーだったりします。そして、そういう人ほど頑張り屋さんだから、物もあれこれ抱え込んでいます。手がまわらないならば、足し算せずに引き算を！　まずは、身のまわりをシンプルにしましょう。

とにかく時間がない方は、物を多く持たないのがいちばん。仕事に着ていく服やお子さんの物など、どうしても必要な物だけしっかり所有して、後はほどほどにします。なぜならば、物が多ければ多いほど、片づけるのに時間、労力、予算がかかるからです。

あなたにとっての適量は、どのくらいですか？

□ 片づけをいきなり始めてはいけません

□ まず部屋を見回して、状況を把握しましょう

□ 物が出しっぱなしになっているのは、物の「定位置」が決まっていないからかもしれません

□ 物が溢れている人は、適量以上の物を持っていませんか

□ 片づけるために「引き算」できる物はないか考えてみましょう

□ 自分の持つ物の適量を考えてみましょう

入れ物と物量のバランスを考える

自分の家や収納スペースに対して、適切な「量」、考えたことありますか？

「これ見てみて。すごいのよ」と見せられた、一枚の写真。それは国連と世界銀行によって実施された世界各国の中流家庭の持ち物のレポートで、家財道具一式をすべて家の前に出して撮られた写真でした。それを見ると、日本だけ極端に持ち物が多く、明らかに家と物量のバランスが取れていなかったのです。

また、以前見にいった収納を売りにしたモデルルームは、高い天井の一番上まで棚が設置されていて、物を取るための脚立があちこちに置いてありました。これまでため込んだ膨大な量の物を、すべて詰め込むための家。豊かさとはどういうことだろう……素晴らしい家だったのに、なぜだか気が重くなったのを覚えています。

震災を機に、これまで相当な量を抱え込んでいた人さえも持ち物をだいぶ減らしたという話をほうぼうで聞きました。もしかすると、これまで私たちは豊かであることにこだわりすぎていたのかもしれません。もちろん、数年後、数十年後にはまた考えが変わるでしょう。それでも今は、新しい暮らし方を切り拓くときが来たように感じます。豊かさや成功、ステイタスのバロメーターとしてではなく、心地よさのために物を選ぶ。量ももっと少なくていいのではないか。そのように考えが変わっても、不思議なことではありません。

その反面で、「家も物も失うときは一瞬。むなしいなと思ったわ。でも、だからこそ私は好きな物で囲まれていたい」と言う人もいます。私はちょうどその間くらいで、減らした物もあれば、増やした物もありました。

どちらにせよ、それぞれが自分の持てる量や身の丈に合った量を考えるのは、とても良いこと。持てる量を考えることが、収納を楽しむ第一歩だからです。

□ 自分の部屋の大きさ、収納スペースをよく観察してみましょう

□ 部屋にある物の様子を見てみましょう。多いと感じる？　少ないと感じる？

□ たとえばクローゼット。そこにしまうことができる物の適量をイメージしてみましょう

□ 家中のスペースについて「適量」を考えてみましょう。もちろん今は「わからない」でもＯＫです

タイムスケジュール

自分にどれだけの時間があるかを知っておく

毎日忙しい私たち。仕事、家事、習い事にヘアサロン……。時間はどれだけあっても足りなくて、一日が25時間あったらいいのにと願うせわしない日々です。

そういえば、「ルーティーンが多い人ほど、有効に時間を使える」と聞いたことがあります。考えてみれば、たしかにそう。起床・食事・出勤・子供の送り迎え・入浴・就寝、それらが区切りとなって、規則正しい時間割づくりに一役買ってくれます。

それでは、まずはいつ、どれだけの時間があるのかを把握したいと思います。一週間をどのような割り振りで過ごしているか、実際に家事にあてている時間はどれほどか。時間を整理するためにも考えてみます。

私の場合、忙しいときとそうでないときの波があって、日々状況が変わります。それでも起床・就寝などのベーシックな部分は、平日も週末もある程度一定。朝7時前に起きて、24時には眠りについています。平日は朝10時から夜8時前後までが仕事の時間。もちろん、忙しいときは家族が帰ってきてからや寝た後もひとりコツコツ原稿を書いていることもありますが、それは一年の中でほんのわずかな日数。こう考えると、主婦として過ごせる時間が一日7時間ほどあるはずなのに、この時間はどこへ行っているのだろう……（今、大きなショックを受けています）。

朝に3時間と夜に4時間もあるのですから、食事やお風呂に3時間、料理・掃除・洗濯などの家事に3時間かけても自分の時間が1時間残るはずなのに、この時間の足りなさはどういうこと？　時間の使い方は誰も見ていないから、なあなあになりがちで管理するのが難しい。再考する余地ありのようです。

ところで、そのように時間に追われる中で、片づけや収納に時間を取られるのはとてももったいないことです。たとえば、探し物を一日5分したとして、一週間では35分、一ヵ月では2時間20分、一年では28時間にもなってしまいます。これはまさに、時間の無駄。このあたりで、そろそろ探し物と縁を切りたいものですね。

□ 時間を書き出すことで「見える」ようになります

□ 一週間のタイムスケジュールをふり返ってみましょう

□ 部屋の掃除や片づけに、どれくらいの時間を使っていましたか？

□ 家事の時間を短縮できそうか、考えてみましょう

□ 自分の時間の使い方がわかると、「探し物」などの時間がいかにロスとなっているか実感できるはずです

散らかる場所の傾向

散らかる傾向から問題点がわかる

私は出掛けにバタバタすることが多く、クローゼットのまわりに洋服が散乱しがち。あれでもない、これでもないと服を代わる代わる見比べては、ベッドにばさっ。それを片づける間もなく、慌ただしく出かけていく。あとで片づけるのが大変なのになと思いながらも、なかなか直りません。

また、仕事中はダイニングテーブルも大混雑です。日当たりのいいダイニングで仕事をしているため、資料やら紙やらがうずたかく積み上がって、ミルフィーユのよう。いくつもの山に囲まれてパソコンに向かっています。

このように、どのお宅でも散らかりやすい場所や物があります。部屋の隅にホコリが集まるように、家の中にはどうしても吹き溜まりになりやすいところがあるからです。

ついついひょいっと置いてしまうのは、

・置きやすい場所がある
・本来戻すべきところが使いにくい
・わかっていてもできないほど疲れている
・そもそも場所が決まっていない

このどれかが原因のことがほとんどです。いつもそうなるのは、毎日の行動に組み込まれていたり、体がそう動きやすいから。それならば、その自然な動きを活かした簡単でシンプルな収納システムをつくり、置き場所をきちんと決めるのがいいでしょう。たとえば、椅子やソファに無意識に洋服をかける癖があるならば、いっそのことその近くに洋服ラックを設置します。壁にフックをつけてもいいですね。そのようにして改善したい点をひとつずつなくしていくと、必ず解決します。

また、家の中の状況は、毎日見慣れた風景になってしまうので、写真を撮ることをおすすめします。私も取材で部屋の写真を撮られることが多く、それを見て反省することもしばしば。だって、写真だとよその家みたいなのです。客観的な目で見るから、普段気づかないことまでしっかりチェックできる。人に見せないとはいえ、自分や家族はそこで暮らしているのですから、やはり使いやすさと同じくらい見た目も大事なのです。

□ 散らかっている場所の、散らかっている原因をよく考えてみましょう

□ 溢れた物たちを、日々どんなふうに使い、しまっていますか?

□ 毎日見慣れた光景だと気づきにくいもの。家中の写真を撮ってみましょう

□ 撮った写真を眺めてみて「違和感」を覚えたら、そこがヒントかもしれません

□ 写真を見て気づいたことを書き出してみましょう

買い方の傾向

買い物の傾向から問題点がわかる

買い物が好きです。ウィンドウショッピングが好きで、それを手に入れるときの恍惚感もやめられません。実際に買う量はそこまで多くはないとはいえ、それでも少なくはないはず。厳選に厳選を重ねたほんのわずかな持ち物だけでストイックに暮らせる日は、はたしてくるのでしょうか……。

きっと、世の中の多くの人は私と似たり寄ったりなはず。ところで、あなたはどのように買い物をしていますか。

ある人は、セールに行くと安さにつられて気持ちが高揚して、余分に買ってしまうそう。「プラス1枚が失敗のもと。わかってはいるのだけど」と嘆いています。

また別の人は、「買いやすい金額の物に手が伸びる。でも、どこかで満足できないの」

という悩みを抱えていました。

他にも、ストレス解消になんとなくデパートに寄って、ついつい買ってしまう。小さい物をちょこちょこ買う癖があって、いつのまにかお財布がからっぽ。店員さんにすすめられて断れなくて……など、買い方の傾向があるはずです。

それでは、いい買い物ができたときのことを思い出してみてください。インターネットで下調べしてから買った。お店の人のアドバイスをもらいつつ、一緒に選んでもらった。趣味の合う友人に使い勝手の良さを聞いてから決めた。このように、何らかの傾向があるはずです。逆に、良くない買い方にも共通点があります。

まず買い方をしっかり分析して、対策を立てましょう。もし反省することがあったら、それをもとにして次の買い物につなげましょう。今日の買い物は、明日の買い物の糧。上手く活用できればそれも授業料となり、無駄ではなくなるはずですから。

□ 家具などの大物から、小さなキッチン雑貨まで。どんな「買い物」の仕方をしているか、考えてみましょう

□ たとえば最近買ったアイテムの「決め手」になったのはどんなこと？　機能？　デザイン？　価格？

□ ひとつひとつ、自分が買った物の「決め手」を見直してみて、その傾向を考えてみましょう

□ そして、次の買い物のとき、意識して考えてから買うようにしましょう

もう少し買い物について考えてみる

買い物の「失敗体験」から、片づけの問題点も見えてくる

さて、耳の痛い話が続きますが、買い方に続いて、買い物の「失敗」について考えてみましょう。使ってみて、その使い勝手に満足がいかなかったり、実はそれほど必要としていない物だったり……誰にでもそんな経験がありますよね。

「買い方」に傾向があるならば、もしかするとその「失敗」にも傾向があるかもしれません。そしてその失敗をなくせば、必要以上に物は増えないはずです。

かくいう私もかなり身に覚えありで、たとえば洋服では、かつては目を引く柄やデザインを手に取って何度か着ただけで飽きたり、手持ちの服とコーディネートしにくかったり、人の印象に残るために何度も着ていけないと嘆いたりしていました。

友人たちに「買い物で失敗したことある?」と聞くと、やはり皆もあるようで、「似

たようなものばかり何枚も買ってしまう。違いがわかるのは自分だけ。クローゼットにはベージュとカーキの洋服がそれこそ山のようにある……」。

「カジュアルな服ばかりで、歳相応の服がない。もっと大人っぽく、素敵に歳を重ねていきたいのに」

「安さにつられて買ったものは、素材が悪い。特にニットは要注意。数回着たら毛玉になって、それを取るのが面倒であまり着なくなる」

などなど、次から次へと出るわ出るわ。これを聞いて、少しだけホッとしたのは私だけでしょうか。

いえいえ、安心していてはいけませんね。失敗しがちなパターンがあるのならば、これもしっかり自覚して、次からは繰り返さないように気をつけたいものです。ここを見直すと、予算配分などももっと上手にできるようになりますよ。

□ 買ってみたけどそれほど使わなかった物について、その理由を考えてみましょう

□ デザイン、使い勝手、手持ちの物との相性……「失敗」には何か共通点があるかもしれません

□ 失敗を次の買い物に活かせるように、記録しておきましょう

□ 他人の「失敗体験」が参考になることもあります

「手放し方」の傾向

片づいている人は、負担にならない「手放し方」を実践できている

手に入れるばかりでは、家がパンクしてしまいます。健やかな状態を保つために、入ってくるものがある一方で、ときには外に出したいものです。

片づけ上手な人は、ほどほどの量を保つことにポイントを置いています。持ち物を把握できなければ、持っていてもないのと同じだからです。そういった〝死蔵品〟がなくても、いつのまにかニーズとズレが生じたりはします。作る料理が変わって出番の減った鍋、しまいっぱなしのお客さま用のお皿、髪型を変えたら似合わなくなった服。これらは旬のうちに人に譲って活用してもらうのが良いでしょう。

とはいえ、言うは易し行うは難し。高価な物、思い入れのある物など、手放しにくい気持ちもよくわかります。どうすれば負担にならずに手放せるか。それを「方法」と

「気持ち」の両方から考えるのが、収納のプロの役割だと痛感しています。

私の場合は、洋服や器は欲しい人に差し上げています。とにかく手放す手間をかけたくないので、家の中に「ご自由にどうぞ箱」を設置して、気に入ったら持ち帰ってもらいます。また、大量に読む本は、読み終わったらセレクトにこだわりのある古本屋さんに自宅まで取りに来てもらっています。ベストセラーの本や文庫本は新古書のチェーン店にまとめて引き取ってもらいます。どちらも自分で持ち込む手間をかけず、取りに来てもらうのがコツ。値がつくことよりも、手間を省くことを優先しています。

物を捨てるのには後ろめたさがつきまといます。自分のせいで、これを無駄にしてしまった。そう感じるのが辛いから処分できない人もいるのでは？　ところが、捨てる神あれば拾う神ありで、人にあげると、後から思いがけないお返しをいただいたりして、それがまた嬉しかったりします。たとえば、フィンランドの蚤の市で見つけた手づくりのマリメッコのバッグは、美味しいオリーブオイルに変身。読み終わった本を友達にあげたら、「これ、よかったら読んでみて。きっと好きだと思うの」と、別の本をいただきました。

増えがちな物ごとに負担にならない手放し方を決めておくと、減らすことが辛くなくなりますよ。

□ 物が増えるのは、持っている物を処分することなく、新しい物を持ち込むからです

□ 使っていないのに持ち続けている物はありませんか？

□ 捨てるだけでない、負担にならない「手放し方」を考えてみましょう

□ 後ろめたさや手間をいかに軽減するかがポイントです

□ 友人に譲るなら、来客時に「ご自由にどうぞ箱」はどうでしょう

□ 本などは自宅へ引き取りに来てもらうこともできます

捨てなくてもいい？　片づけないもあり？

記憶できている人は減らさなくていい、収納しなくていい

そもそも、日本人は真面目すぎるように感じます。片づけなきゃ、キレイにしなきゃという強迫観念があって、それができないと自己嫌悪。私ってダメな人……と、自分で自分を追い込んでいます。

けれども、人の性格や体型、趣味に個性があるように、部屋にも個性があってもいい。それはインテリア面だけでなく、片づけの程度も含まれます。

すみずみまでぴかっとキレイで何も出ていない、モデルルームのような家。こういった家ももちろん素晴らしいですが、生活感がなさすぎて美人コンテストに出ている人のように感じます。型どおりの完璧さを求めるのではなく、人間味のあるチャーミングな部屋づくり、居心地の良い部屋づくりを目指すと片づけも楽しくなります。

人が生活すれば物も動きますから、多少散らかるのは当然のこと。私は少し散らかった部屋もリアリティがあって好きです。これはこれでなかなか愛おしいもの。要は気持ちの持ちようで、苦手意識を持って接していては、部屋は応えてはくれませんよ。

たとえば、少々散らかっていて、手の届く所に何でも置いてあるコックピットのような部屋がありました。独身時代の夫の部屋です。彼曰く「どこに何があるか全部把握しているから、このままでいい」のだそう。なるほど、探し物をせずにすむのならばそれもありだと大いに納得しました。このように、安心感と使いやすさがあれば、人の目など気にしなくていいのです。

そして、捨てないのももちろんありです。ただし、物が増えるとそれだけ管理が難しくなります。たくさん買い物をしたら荷物が重くなるのと同じで、残念ながらおいしいとこ取りはできません。

だから、大量に物を持ち続けるには、それに伴う時間や労力、手間も併せて引き受けることを覚悟してください。片づけがとても好きで時間や手間をかけるのが苦にならない人は、捨てなくてもいい。そのあたりは、ご自分の性格と相談しましょう。

□ インテリアだけでなく、「片づけ方・程度」にも個性があっていいかもしれません

□ 居心地がいいのは、整然と片づいている部屋？　多少雑然としていてもこざっぱりした部屋？

□ 無駄な「探し物」をしないですむなら、それは自分にとって「片づいている」のかも

□ 「捨てない」もあり。その場合は、物の管理のために時間や労力をかける必要があります

片づけと掃除は別

ごっちゃになると問題はいつまでたっても解決しない

片づけは、収納と掃除の2つのステップに分けられます。片づけが苦手な方は、ここがごっちゃになるから作業が進まず、いつまでも片づかない。これらは別物と考えて、作業を分けて片づけると楽になります。

たとえば私は、来客がある日は、出ているものを所定の位置に戻すのに15分かけて、掃除機をかけたり水まわりの掃除などに15分。計30分ほどで片づけをしています。

効率良く動こうとして、ついついいくつものことを並行して進めてしまう。それは私の悪い癖。結局、どれも中途半端になったり、あっちこっち動いてさらに疲れてしまったり。「急がば回れ」というように、優先順位を考えてひとつずつ消していくほうが、ずっと早く終わることがわかりました。

だから、片づけるときはやるべきことを紙に書き出して、コツコツと地道に終わらせていきます。これを日々繰り返していると、何からとりかかればいいのか、端折《はしょ》れるところがどこかもわかってきます。

でも、時間がなければ、収納はとばして掃除だけという日もあります。収納はしなくても許されるけれど、掃除はそうはいきません。部屋が不潔になると、病気になったり怪我をすることもあるからです。

・ガラスや尖ったものを踏んでしまった
・傷んでいる食べ物を気づかずに口にした
・ハウスダストでアレルギーに

……これらはどれも、掃除をしないと起きることです。

先に物をしまうのは、掃除をしやすくするため。床に物が散らばった状態だと掃除機をかけにくいから、落ちている物を拾って元の場所に戻すところから始めます。結局、物に囲まれて物と関わって生活していくかぎり、「出した物をしまうこと」からは逃れられないのですね。

今日は物を元の場所に戻して、明日は掃除。そのように作業を分けると負担が軽くなりますし、億劫さも小さくなりますよ。

□ 片づけには「収納」と「掃除」のプロセスがあることを意識しましょう
□ 「効率良く」といって作業を並行して進めると、途中でうまくいかなくなることがあります
□ 優先順位を考えて、片づけるときに、やるべきことを紙に書き出して取りかかってみましょう
□ 「収納だけ」「掃除だけ」と分けて行ってもいいでしょう

元の場所に戻すだけの時間

週末の70分より、一日10分と考えてみる

片づけを「元の場所に戻す」ことと「掃除」に分ければ、これならやれるときに少しずつできるかも、と思った方も多いでしょう。この、「元の場所に戻す」という作業は、何も考えずに体を動かすだけですから、短い時間でも案外はかどるものです。

忙しい方には〝一日10分のちょっと片づけが週末の70分になる〟と提案していて、自分自身も実践しています。週末の70分は考えただけでもしんどいから、分割して手軽に終わらせてしまう。朝の10分や夜の10分、一日のスケジュールのどこに組み込むかは、やりやすいように決めればいいと思います。もちろん、毎日でなくても構いません。

私はずっとダラダラしていたいタイプなので、とにかく腰が重い。イヤなことや苦手なことほど、勢いで終わらせるようにしています。たとえば、洗濯物を畳んで収《しま》うの

は、朝の15分ドラマを見ながら。出ている物を戻すときには音楽やタイマーをかけて、この時間だけだからと騙し騙し終わらせます。

家族がいるならば、見ていないところでやるのではなく、相手のいる前でやるようにします。それは、いつでも家が整っているのが当たり前と思ってほしくないから。ときどき手伝ってくれたりして、お互いにとって良いように感じます。

ヤル気が出なくてどうしようもなくなったら、来客の予定を入れて、強制的に片づける機会をつくることもあります。目の前にニンジンをぶら下げておけば、短時間の作業は、そこまで苦にはなりません。終わったらお茶をいれておやつにしよう、子供と一緒に片づけを楽しもう……なにか自分なりの楽しさを加えるのがコツです。

□「収納（=元の場所に戻す）」と考えると、10分間でもできることがあります
□たとえ一日10分でも、一週間にすると70分。そんなふうに考えてみましょう
□音楽を聴きながら、タイマーをかけて……短い時間で効率よくできる工夫をしてみましょう
□家族がいる場合は、家族の前でやるようにします
□「来客」も特効薬。片づけ後の「お楽しみ」も励みになります

第二章

書き出すと片づく

次に、どのような部屋にしたいかを書き出して、物とは何か、適材適所についても考えます。それがあなたの「収納の設計図」になります。

書き出してみる

好きなもの・こと、大事にしたいこと

紙に書いたり、家族や友人に話したり。「ことば」にしてはじめて、自分はこんなことを考えているのだと自覚することがあります。書くという作業を通じて落ち着きを取り戻せますし、書き記してそれを目で見ることによって、客観性が生まれる。頭の中も整理できるため、紙に書き出す習慣ができました。

暮らし方や住まい方についても、そう。生活の中で何を大切にしていきたい？　どうしても譲れないものは？　どんな物が好き？　喜びを感じることは？　大きなことからほんのささいなことまで、思いつくままにペンを走らせると、あらまあ不思議。そこには、確かに自分の暮らしの輪郭が描かれているのです。

まず、新しいノートやまっさらな紙を用意しましょう。せっかくですから、ちょっと

上質なノートを選んでもいいですね。ゆっくりお茶などを飲みながら、好きなもの・こと、大事にしたいことなどを書き綴ります。この作業は現在を見つめ直して、これからをより良くするための大切なプロセス。飾らない、ありのままを書きます。

それでは私はどうだろうと考えてみます。身軽さ、風通しの良さ、清潔感、シンプルなシステム、片づいた空間、美味しく安全な食べ物、普遍性、佇まいの美しいもの、使いやすい道具、読書、家族と笑い合う時間……。形あるものよりも、目に見えない時間や心地よさなどを重視していることがわかりました。

「好き」「心地よい」という感覚は、暮らしを見つめ直す際にとても大事な判断基準になります。それらは一見バラバラなようで、その人らしさという共通点があるからです。同じ「好き」で繋がっている価値観、それこそがあなたらしさ。それをまず考えてみてくださいね。

□　新しいノートを用意して、自分の「好きなもの」を書き出してみましょう
□　決して飾らず、「ありのまま」を書き出します
□　形、色、風合い、手触り、雰囲気……書き出した「好きなもの」の共通点を見つけてみましょう
□　見つけた共通点から、「自分らしさ」について考えてみましょう
□　このノートを折に触れ、見直すようにしましょう

なりたい部屋のイメージ

テイストだけでなく、「部屋の目的」、過ごし方も明確にする

好きなものやことについて考えたら、次は同様にして、自分にとって家とはどのような場なのかも書き出します。できれば、インテリアの面だけでなく、それぞれの部屋の役割や目的、過ごし方などもイメージするといいでしょう。そこから、各部屋の物量やインテリアの方向性、家具の選び方や配置などを導き出せるからです。

リビングとダイニングは、家の中のパブリックな空間。家族が集ったり、お客さまをお招きしたり、人と関わる場所です。そのため、まわりの人が困るような個人的な趣味嗜好は抑えて、ある程度ベーシックさを優先させるのがいいと考えます。

わが家はニュートラルな空間にしたくて、インテリアも白と木の素材感を中心にまとめています。仕事もダイニングテーブルでしますから、極力視界には物が入らないのが

いい。私が座る席の背面に本棚を設置して、座ったときの目線より高いところにはあまり物を置きません。来客も多いので、掃除のしやすさを心がけています。

キッチンは料理をする場所。清潔さと安全を第一に考えています。風が通るか、においがこもるのか、オープンタイプかクローズドタイプかなど、サイズや配置によっても異なります。キッチンは、家の中で飛び抜けて物量の多い場所。ここをどう管理するかで、暮らしやすさが180度変わる勘所です。

寝室は一日の疲れをリセットするための部屋で、一日の4分の1から3分の1を過ごします。人に見せる機会はなくても、散らかっているとハウスダストなどで健康に影響が出たり、心理的にもいい影響はないはずだから、洋服に押しつぶされるようにして眠るのは避けたい。クローゼットさえ片づければ問題はほぼ解決するので、扉を閉めてしまえばいいという考えは持たずに、しっかり整頓しています。

対して、小さな資料部屋と夫の山道具をしまっている通称〝山部屋〟は完全にプライベートな空間。趣味の部屋や物置などは、キッチンやクローゼットほどは使用頻度も高くないので多少散らかっても気にせず、ゆるやかに管理しています。探している物がすぐに見つかる状態。これさえクリアできていれば合格としています。

□ 自分にとっての「家」について書き出してみましょう

□ インテリアのテイストはどんなものが好み？

□ それぞれの部屋の役割、その部屋での過ごし方も書き出してみましょう

□ その部屋の目的に合わせて、必要な家具や物を考えます

□ 掃除や片づけのしかた、頻度などもイメージしてみましょう

物は三つに分けられる

それぞれの役割を知らないから、収納が崩壊する

ここで基本に立ち返って、物について考えてみましょう。身のまわりにはさまざまな種類の物が雑多に入り交じっていて、これらは大きく三つに分類することができます。

一つめは、「壊れない限り使い続けるもの」。家具、家電、キッチン用品、アウトドア用品、道具類などが該当します。これらは耐久消費財といい、現在の日本ではおよそ7年が寿命というデータ（2009年）があります。これらを購入する際は、何年使うか、一年あたりいくらになるか、使用頻度はどのくらいになるのかを計算します。

たとえば、毎日使う椅子は一日1回座ったとしても、7年間で2555回は使うことになりますから、それなりに奮発してもいいかもしれません。逆に、2年に1回しか出番のないキャンプ用品は、1回あたりに換算すると値段の3分の1。保管するスペース

のことも考えると、所有せずにレンタルするほうがよいこともあります。

壊れない限り家から出ていかないものは、不要になったら意志を持って処分しなければいけません。軽い気持ちで手に入れると後で苦労しますから、こういうものほど慎重に選ぶことをおすすめします。

二つめは、食材や洗剤、薬、衣類、文房具、化粧品をはじめとする「消耗品」です。これらは使ったらなくなったり、消耗するのが前提のものたち。使い終わったら新しいものを買うことになります。興味深いのは洋服がこの項目に入っていること。たしかにこれまで所有した服は、ほんの一部を除いて、流行や体型の変化、生地の傷みなどで数年で処分したものがほとんどでした。

これらはストック管理ができているかどうかで、在庫量が変わってきます。残量を把握しやすいように、まとめて保管しておきます。

そして、三つめは写真や趣味に関する「愛着のあるもの」。これらの所有理由は個人の思い入れですから、ついつい判断が甘くなって際限なく増えがちです。できるだけ厳選しないと、膨大な量になってしまいます。この箱に入るだけ、この棚1段分などと一定量を決めて、それ以上増えないようにするのがいいでしょう。

□ 物には「壊れない限り使い続けるもの」「消耗品」「愛着のあるもの」の三つがあります

□「壊れない限り使い続けるもの」は、どれくらいの頻度で使うのかが大切です

□ 使用頻度の少ない物は、レンタルという選択肢もあります。お金と収納スペースを節約できます

□ 消耗品は、在庫管理しやすく収納することが大切です

□「愛着のあるもの」は、自分にとっての定量をあらかじめ決めておきましょう

はかってみる

奥行きと物の関係がわかると収納が見えてくる

今どのような状況なのか、どうしたいかがある程度明確になったら、次は入れ物について考えてみます。

食器棚、作りつけの棚やクローゼット、押し入れ、本棚……。家には数多くの収納スペースがあります。それらの違いはズバリ、「奥行き」。奥行きによって入れやすい物と入れにくい物があることを、まず意識してください。

たとえば、一般的な押し入れの奥行きは80センチで、クローゼットは約60センチ。この20センチの差によってその役割が異なってきます。押し入れは布団を収めるためにあえて奥行きを深くしていますから、そこに違う物を入れるには工夫とテクニックが必要になります。

また、本棚は奥行き30センチ前後が主流です。それに対して、中身である雑誌は21センチでいわゆる単行本サイズは12・8センチ、文庫は10・5センチですから、単に〝本棚を探す〟のではなく、そこに雑誌やファイルを入れたいのか、単行本を並べたいのか、多いのはコミックか新書か文庫本かによって、最も適した奥行きの本棚を選ぶ必要があります。

ですから、奥行き10〜20センチの本を奥行き60センチのクローゼットや80センチの押し入れに収めようとしても、収まりが良くないのは当たり前。「物の収まり」の良し悪しは、入れ物に対してふさわしい中身であるかどうかが決め手になります。

もちろん奥行きだけではなく、適材適所という言葉があるように、物にはそれにふさわしいしまい場所があります。それは、使う動線上、使うところにしまえば、無駄に探し回ることもなく、使いたいときにすぐに手に取れるという良さもあります。

□ 押し入れ、クローゼット、棚……しまう場所のサイズをはかってみましょう

□ その場所にしまいたい物のサイズもはかってみましょう

□ しまう場所と、中身（そこにしまいたい物）のサイズは合っていますか？

□ 家具や収納グッズを選ぶときは、このサイズの感覚を常に意識します

□ 動線を考えたふさわしい場所に、サイズの合ったものをしまうのが理想です

□ 場所と物のサイズ、そして適材適所について考えてみましょう

収納の設計図をつくる

場所ごとの役割と物の関係を把握しておく

片づけに取りかかるときは、誰もがやる気に満ちています。そして、鼻息荒く中身をひっくり返し、数時間後に抜き差しならない状況に陥っていることに気づいてしまう。そして、何も解決しないまま、むしろさらに散らかったことに蓋をするように、元あった場所に押し込んでバタンと扉を閉める。これが、典型的な片づけの挫折パターンです。

片づけようと思い立つ→脈絡なく出す→疲れる・飽きる→諦める。

この方法を繰り返していたら、片づくはずの部屋もいつまでたっても片づきません。苦手意識も植えつけられてしまうでしょう。上手くいかない理由は、とりかかる前の準備をしていないこと。設計図がなければ家を建てられないのと同じように、片づけにも設計図が必要なのです。

まず、間取り図を用意しましょう。すぐ出てこなければ、自分で大まかに描いてもいいですね。どこに何をしまうか決めるときは、家の間取り図を見て、ゾーニングから考えます。ゾーニングとは、「用途や機能で居住ゾーンを区別すること」。どの部屋で何をするかが決まれば、何を置くべき場所なのかも自ずと決まります。

リビングとダイニングは、家族の共有スペース。団欒、食事、娯楽、テレビ、音楽鑑賞、来客のための空間です。ここには個人の持ち物は持ち込まず、置いていいのは家族みんなが使うものだけ。薬や書類、爪切り、文具などです。

キッチンや洗濯機のまわりは、家事スペース。調理や洗濯を行います。そのための道具はもちろん、食材や消耗品（ゴミ袋、ティッシュペーパーなど）もまとめて管理します。もちろん、入らなければ納戸などに置いてもいいですね。とにかく、あちこちを探し回らなくていいように、場所を決めるのがコツです。

寝室は睡眠のための部屋。ベッドルームにクローゼットがついているのは、起きて着替えるという動線によるものでしょう。

最後に、私室は趣味や仕事、勉強、読書など好きなことをする部屋です。個人の持ち物はここから出さないように心がけると、家庭内の平和が保たれるかもしれません。

このように、どの部屋に何をしまうべきかを今一度考えて、移動するものがあれば、それも書き出していきます。備えつけの収納や置いている家具なども間取り図に記入して、おおまかに何をしまうかも書き込むと、よりわかりやすくなっていいでしょう。

□　なんとなく始めて挫折する悲劇を繰り返さないために、収納の準備をしましょう

□　間取り図を用意して、どこに何をしまうか、ゾーニングしていきます

□　部屋の役割を意識すると、自ずとしまう場所が決まります

□　今そこに置かれている物が適切かどうかを考え、必要なら移動します

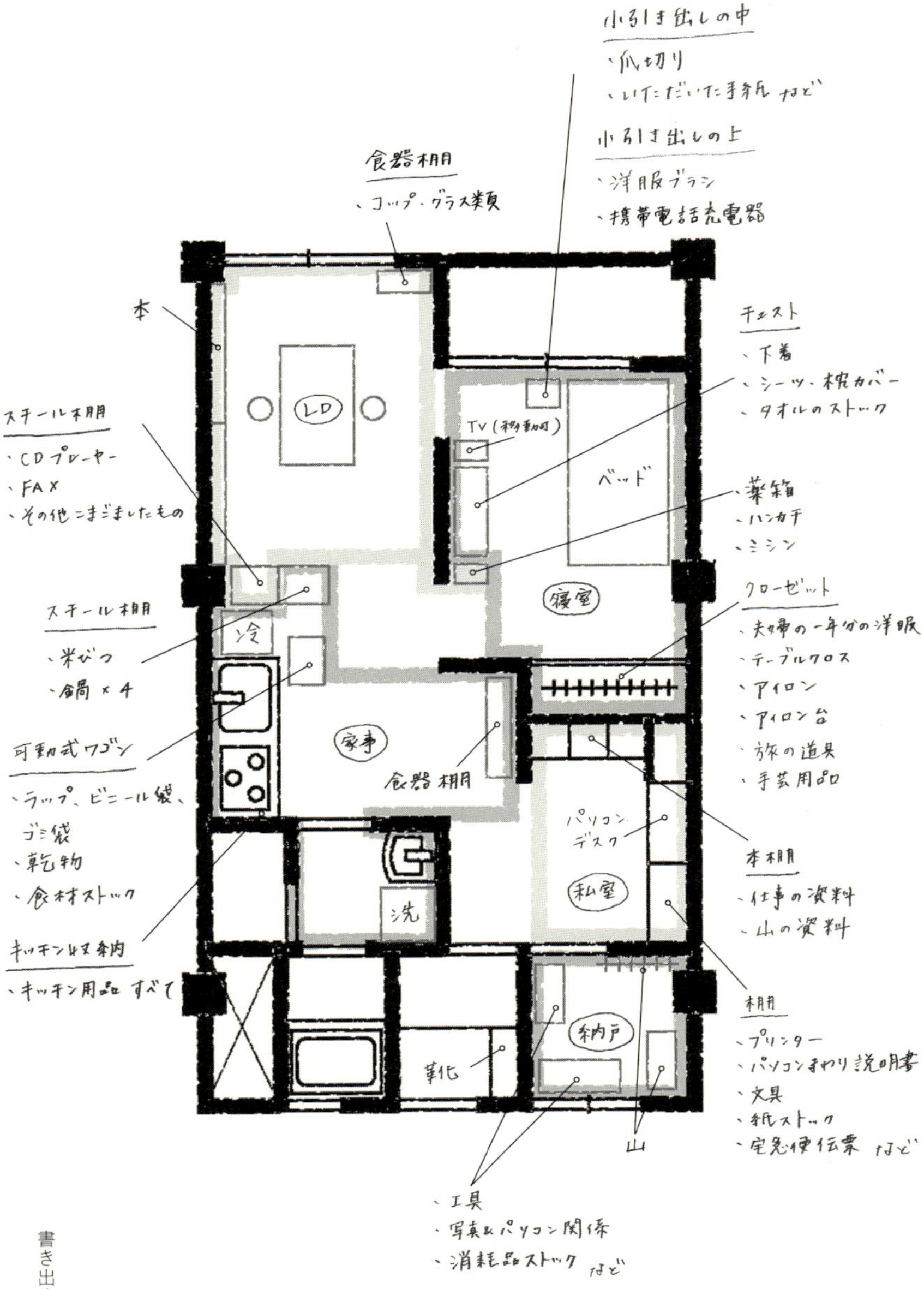

小引き出しの中
・爪切り
・いただいた手紙 など
小引き出しの上
・洋服ブラシ
・携帯電話充電器
食器棚
・コップ、グラス類
本
チェスト
・下着
・シーツ、枕カバー
・タオルのストック
LD
TV（移動可）
ベッド
スチール棚
・CDプレーヤー
・FAX
・その他こまごましたもの
薬箱
・ハンカチ
・ミシン
寝室
クローゼット
・夫婦の一年分の洋服
・テーブルクロス
・アイロン
・アイロン台
・旅の道具
・手芸用品
スチール棚
・米びつ
・鍋×4
冷
家事
可動式ワゴン
・ラップ、ビニール袋、ゴミ袋
・乾物
・食材ストック
食器棚
パソコンデスク
本棚
・仕事の資料
・山の資料
私室
洗
キッチン収納
・キッチン用品すべて
納戸
棚
・プリンター
・パソコンまわり説明書
・文具
・紙ストック
・宅急便伝票 など
靴
山
・工具
・写真＆パソコン関係
・消耗品ストック など

引っ越すとき

引っ越しのプランニングで、「片づけ」のイメージがわかる

片づけたい、収納をやり直したいと思っても、住みながら一からやり直すのはなかなか難しいものです。もし、引っ越しの予定があるならば、それは生まれ変わるためのまたとないチャンス。これを逃す手はありません。これからの人生がぐっと楽に、楽しくなる絶好の機会ですから、なんとなくバタバタと引っ越すなんてダメダメ。きちんと計画を立てて、後悔のない引っ越しにしましょう。

まず、引っ越す前のこと。物を減らすだけが解決策ではありませんが、やはり多くの人にとっての特効薬はいらない物を減らすこと。手に負えないほど持っているならなおさら、自分が管理できる量まで減らしてみてはいかがでしょう。取捨選択していくうちにテンションが上がって（そしてどこか面倒になり）、どんどんいさぎよく分けられる

ようになります。引っ越しは物の量によってもその費用が変わりますから、物を減らせば、かかる費用も収納し直す手間も減りますよ。わかりやすいメリットがあれば、ヤル気も出るはず。これからの生活に必要なものだけを持っていきましょう。

部屋の内見の際はメジャーを持参してあちこち測り、間取り図に数字を記入します。天井の高さも忘れずに。そして、帰宅したら、今ある家具をどこに収めるかを考えます。すでに家具に入れているものもある程度決まっているでしょうから、用途に合った部屋に置きます。しまい方については、次の第三章で詳しくご紹介します。

引っ越しの予定がなくても、インターネットの不動産サイトを見て間取りを紙に書き写し、どこに家具を置くかシミュレーションするのも勉強になります。これをすると、家具を配置しにくい間取りがあることや、ライフスタイルに合わない部屋があることに気づきます。どうしてもその部屋が気に入ったのならば、自分自身を部屋に合うように変えるという手もあるけれど、なかなかそうはしにくいもの。動線に矛盾がないか、住みやすさについて研究しましょう。

□ 引っ越しは収納リセットの最大チャンスです

□ 収納スペースが増えるから、広くなるから、と安心せず、不要な物は処分します

□ 内見の際は、必ずメジャーで収納スペースや家具の設置場所をはかります。天井高も忘れずに

□ 間取り図を研究していると、動線などの矛盾が見えてきます

変化を愉しむ

「暮らしは変化するもの」……その視点がないと片づけは失敗する

長い人生、もろもろの事情で住まい方が変わっていきます。家族構成の変化もそのひとつ。物の持ち方やしまい方を見直しながら、より暮らしやすくしたいものです。

ひとりから二人暮らしになるのは、最初の試練のとき。限られた空間を人と共有する難しさを学びます。私たち夫婦が結婚を機に移り住んだ部屋は、50㎡に満たないコンパクトな部屋でした。すべての持ち物が入らないことは明らかで、引っ越し前にだいぶ減らしましたが、それでもまだ多すぎて引っ越し後にさらに減らしました。

その次の変化は家族が増えるとき。衣類や学校、習い事の道具など、家族が増えれば必然的に物も増えます。部屋の割り振りも変わり、暮らしの予算も子供にいくでしょう。子育て期に入ったのですから、子供中心の家づくりになります。

それにともなって、親は自分たちの持ち物を減らすことになるかもしれません。実際、趣味の物や洋服を手放したという話をよく聞きました。ただ、皆が口を揃えて「子供はすぐ大きくなる。一緒に暮らせる時期は短いから子育てに没頭したい。今はこれでいいのよ」と幸せそうに言います。

そして、もっと先には子供が独立して、また二人の暮らしになるでしょう。ここで一度リセットするのが望ましいのですが、住みにくさを感じながら現状維持という方がとても多いように感じます。子供が独立する際には、まず子供部屋をからっぽにするのが理想ですね。これは私自身の反省でもあって、実家はトランクルームではないのですから、物を預けるならばほどほどの量に。親に負担がかからないよう、せいぜい押し入れ1つ分くらいを上限にするといいでしょう。

この他に、仕事や年齢が変わったり趣味を見つけたりしても持ち物が変わります。そんなふうにして、一生のうちで物は入れ替わっていきますし、災害などで思いがけないことも起こります。だから、物を愛しはしても過度に執着しすぎず、身軽でいられたらと思っています。

□ 収納やインテリアに絶対の正解がないのは、それは暮らし方が時間とともに変化するからです

□ 家族や仕事の環境が変われば暮らし方も変わります。当然、その暮らし方に適った収納が必要になります

□ 「変化を愉しむ」くらいの気持ちで、片づけも考えましょう

□ 物やライフスタイルを愉しみながら、執着しすぎない。そんな身軽なスタンスが必要かもしれません

第三章

片づけを実践する

いよいよ収納に取りかかります。しまい方の基本ルールを踏まえたうえで、各部屋、スペースの収納法のポイントを押さえていきます。

種類と使用頻度で分ける

中に入っている物をすべて出すことから始める

家はたくさんのピースでできているパズルのようなもの。どこに何をしまうか設計図を描いたら、いよいよ1ヵ所ずつ「出しやすくしまいやすい」を積み重ねていきます。手はじめに、小さなところから。キッチンの引き出しひとつ、薬箱の中、洗面所のシンク下など、確実に片づけられるところから始めて達成感をしっかり感じてください。自分もできると自信がつくと、そのあとの片づけも少しずつ楽しくなるからです。

まずは中に入っているものをすべて出します。中身を出すのはその量に驚いてほしいから。「こんなにあったの!?」「どうしてこんな物を持っているんだろう……」と目で見て、大いに反省しましょう。その量に驚いたら、溢れている物や何年も使っていない物はもういいかなと思うはずです。

処分の基準は過去1年で使ったかどうか。そして、今後使うかどうか。似た用途の物をいくつも持っていたらよく使っている物を残します。なんとなく使っていた貰い物の食器を一掃して、「これからは、しまい込んでいた高級な食器を毎日使うことにします」という方もいらっしゃいました。それも素敵なアイディアですね。片づけというと捨てることにフォーカスしがちですが、実は必要な物を取り出す作業。身軽になるための外せないプロセスです。

これまで思っていた「十分」は、果たして本当にふさわしい量でしょうか。取捨選択をしながら、物との関わり方や所有の意味を考えるだけでも意義があります。

さて、必要な物だけを残したら、次はそれを種類別に大まかに分けます。たとえば洗面所ならば、掃除用洗剤、洗濯用洗剤、その他石けんや歯ブラシなどのストック類と、仲間ごとにかごや箱などにまとめたり、置き場所で分けてもいいでしょう。

そして、それらをしまうときのコツは、よく使う物を手前に置くこと。3種類の洗剤を持っていたとして、どれもまんべんなく使っていますか？　一番頻繁に使う物を奥にしまっていたら、取り出すのに他の物をどける手間がかかります。出番の多い物は手前に置く。種類で分けて、さらに使用頻度で分ける。これが、基本のルールです。

□ 収納は「出しやすくしまいやすく」物をしまっていく作業の積み重ねです

□ 自分なりの出しやすさ、しまいやすさを見つけるために、まずは小さなスペースで始めましょう

□ まずは中に入っている物をすべて出します。その量をしっかり目で見て把握しましょう

□ 過去1年で使ったかどうか、今後使うかどうかが処分の基準です

□ しまうときは、「よく使う物」を手前に置くのが基本です

「見渡せる」ようにしまう

「記憶する収納」が散らかる原因に。ひと目でわかるを心がける

引き出しの中に、箱、箱、その中にまたまた箱。きちんと収納しようとはりきって分類して、達成感を感じた昨日。あくる日起きたら、蓋を閉じた中に何を入れたか、すっかり忘れていました。

分類しすぎはしっかり者の人が陥りやすいワナです。記憶しないといけない収納は保つのも探すのも難しく、きちんとしたはずが、逆に探し物が増えることもあります。ざっくりと、大らかに。中の物がすべて見渡せるようにしまいます。

それでは、「見渡せる」とはどういうことでしょうか。引き出しの中、たとえばタンスの引き出しはたたんだ洋服を積み重ねずに、立てて入れます。物の上に物が積まれた瞬間に、下に何が入っているかわからなくなるからです。引き出しの深さに合わせてた

たみ、すべて立てる。オフィスのデスクの引き出しなども同様で、一番下の深い引き出しに書類やファイルを積み重ねて入れてはダメ。また、細かく分類したいときは、アクリルケースなど中身が見える容器や蓋のないトレイが便利です。

棚の収納で気をつけるのは、後ろに置かないこと。奥行きが深い棚は箱やかごを使ってみましょう。たとえば6客揃いのガラスのコップをしまうときは、同じ種類のものは横一列に並べるのではなく、縦に並べるようにします。手前の列に小ぶりのタンブラー、奥の列にワイングラスを入れたら、ワイングラスを取るときに手前のタンブラーが障害物になってしまうからです。

見渡せる収納はしまった物の場所を記憶しなくて良いため、とにかく管理が楽です。気持ちも楽です。特に、オープン棚は中身がすべて見えて、出しやすく戻しやすい。扉を開いたり引き出しをあけたりするアクションがないだけで、楽さがケタ違いです。一目瞭然だから、面倒くさがりの人におすすめ。唯一のデメリットはにぎやかに見えることぐらいでしょうか。これは、シンプルなデザインの物を選んだり、色や素材を統一するとかなり解決します。

見渡せるというのは、つまり、階層を深くしないということ。収納を単純化することです。簡単にすると、家族みんなが収納に参加できる。「○○どこ？」と聞かれたときに、「それは～の中よ」と答えられたら、使いたい人が自分でそれを取りに行けて使い終わったら同じ場所に戻せます。反対に、収納した人しか把握できていない収納は、片づける人がその本人だけになってしまいます。だから自分に負担がかかってしまうのです。忙しい人や子供もわかる「見渡せる収納」を、どうぞ試してみてくださいね。

□「分類」は収納で陥りやすいワナの一つです

□大切なのは分類することではなく、「見渡せる」ことです

□引き出しの中は「立てる収納」が原則です

□棚の収納では「奥行き」に注意。同じアイテムを縦に並べる収納を心がけます

□見渡せる収納で、家族全員が片づけに参加できるようになります

キッチンの片づけ方

シンクまわりとコンロまわりで分けて考える

キッチン収納のコツは、シンクまわりで使う道具とコンロまわりで使う道具の2種類に分けること。これが大前提です。

シンクまわりで使うのは、下ごしらえの道具。ざる、ボウル、軽量カップなどです。対して、コンロまわりで使うのは調理の道具。鍋やフライパン、お玉、木べらなどが挙げられます。

使う場所の近くに置けば、無駄な動きが減って調理しやすくなる。シンクまわりから作業台、コンロへと、体も自然とスライドしてあちこち動かずにすみます。

そして、もうひとつのポイントはしまう「高さ」。目線から膝までは最も手が届きやすい高さですから、頻繁に使うものをしまいましょう。

目線から上の高い場所にはお客さま用のお箸やカトラリー、漆のお盆、紙ナプキン、蒸籠《せいろ》など軽くて壊れないものを入れると安心です。というのも、割れ物や重い物は手を滑らせて落としたり、地震などで落ちてきたら危ないからです。

膝から下はしゃがまないと取れない場所。季節物の土鍋、お客さま用の食器、キッチン家電など、重い物や壊れ物を入れましょう。棚なども、下に重い物が入っているとぐらぐらせずに安定します。そういった意味でも、重い物は下がいいのです。

□ キッチンはシンクまわりとコンロまわりで分けて考えます
□ シンクまわりにしまうのは、下ごしらえの道具です
□ コンロまわりには調理の道具をしまいます
□ 基本は「使う場所の近く」。それだけで家事の効率もアップします

ゾーンを意識して、しまう

kitchen

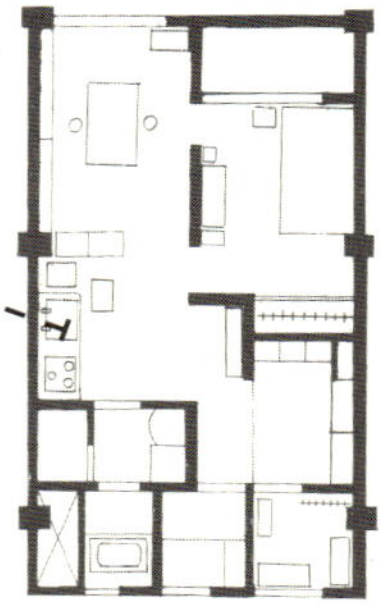

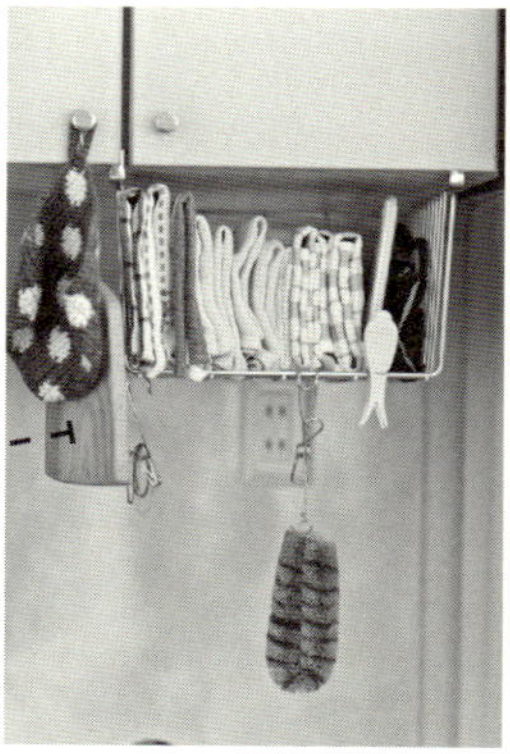

キッチンに立っている間、何かと出番の多い「キッチンクロス」。シンクの上に置いておけば、手を洗ってすぐに、その場から動くことなくクロスを手に取ることができます。

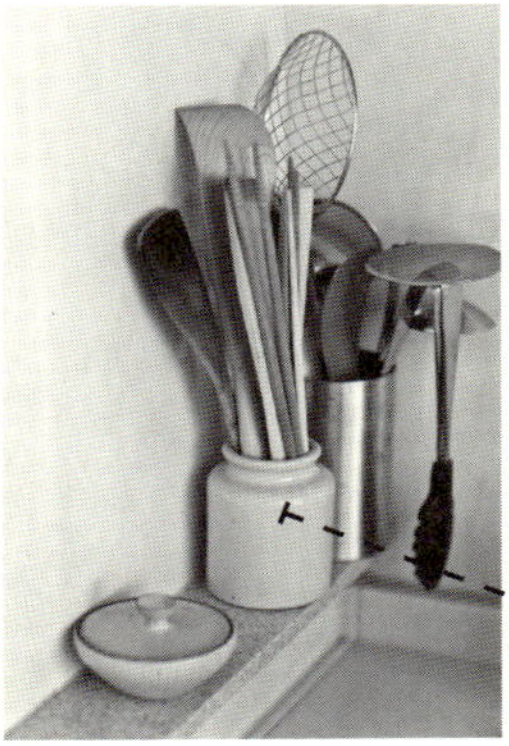

調理中に使うキッチンツールは、木製と金属製、おおまかに2つに分けて立てています。すぐ手が届くから、引き出しの中をごそごそ探していて料理を焦がしてしまうなんてこともありません。

可動式ワゴンは、最も取りやすい上段にラップやゴミ袋などの消耗品を入れ、下三段に食材を入れています。消耗品や食材は在庫管理がポイント。中が見えるものを選びました。

リビングとダイニングの片づけ方

上手なかご使いで生活感を隠す

リビングとダイニングをキレイに見せるコツは、生活感をうまく隠すこと。生活感がある部屋は和みますが、一歩間違えると疲れた感じに見えてしまいます。では、生活感の原因はどのような物でしょうか。ティッシュペーパーの箱、テレビのリモコン、携帯電話の充電器、無造作に置かれた新聞紙やダイレクトメールなどが挙げられます。

これらをさりげなく隠すために、浅めのかごや箱をひとつ用意しましょう。大きければ大きいほど関係のない物まで入れてしまうので、ちょっと小さめがいいです。上に布をかけると、乱雑な中身が見えなくなります。

ティッシュペーパーは何かと出番の多いもの。さすがにかごなどに入れるわけにはいきませんから、すっきりしたデザインのカバーなどをかけます。シンプルにラッピングして気配を消したいのですから、どんなにかわいくても、主張する色や柄、キャラクターもののカバーなどはガマンしましょう。

また、リビングに新聞紙入れを置いているご家庭も多いですが、ゴミ出しは大変ではありませんか？　新聞紙の束は重いので、玄関のクローゼット内や勝手口の近くなど、ゴミを出しやすい場所に新聞紙入れを置いてもいいですね。ソファの横の床に置くとホコリがたまりやすく、掃除の邪魔にもなります。新聞はその日読むものだけを部屋に置きましょう。

そして、最大の散らかりの原因である子供のおもちゃは、大きめの箱やかごを置いて、一日の終わりに自分で元の場所に戻す習慣をつけさせます。おもちゃ自体がにぎやかな色やデザインですから、ティッシュカバーなどと同じく、できるだけシックなデザインを。子供のいる空間と大人だけの時間にメリハリをつけやすくなります。

家族の共有物である薬や文具、爪切りや通帳などは、小引き出しなどがひとつあると、収納に便利です。

□ リビングの生活感を出している物が何か考えてみましょう

□ 浅めのかごや箱で上手に隠します。大きいものだと、そこが散らかりの原因になるので注意

□ 新聞紙など、リビングに置かないほうがいいものがないか検討しましょう

□ 子供のものは、大きいかごなどを用意して、自分で片づけさせる習慣をめざしましょう

living & dining

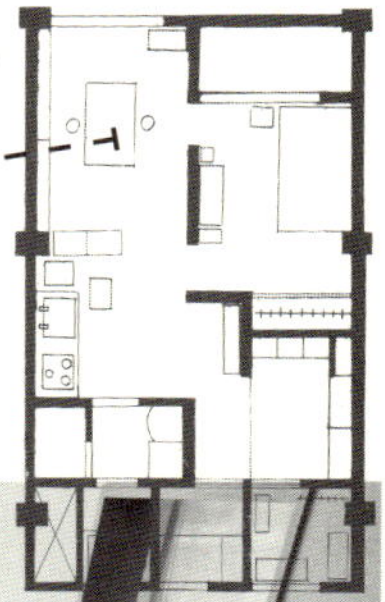

パブリックな空間づくり

家族が集い、お客さまを迎えるリビング＆ダイニング。モノの多い所と置かない所のメリハリをつけて、すっきりとした清潔さを心がけます。個人の持ち物は多くは持ち込みません。

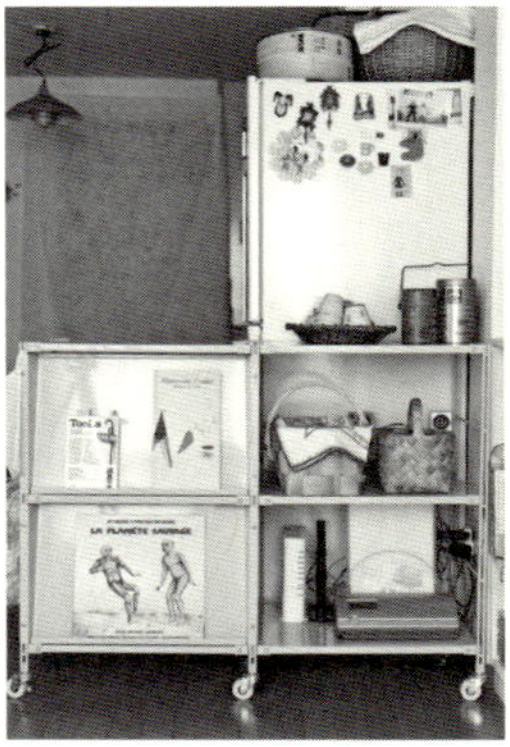

テレビやファックスなどの家電類は棚の下段など、目立たない場所に。飾り棚は見せる収納に効果的。取り出しやすいようにしまい方を工夫しつつ、見ための美しさも意識しています。

クローゼットと押し入れの片づけ方

4ステップで誰でも簡単にすっきりする

クローゼットは洋服をしまうための場所。4つのステップを押さえれば、どなたでもすっきりクローゼットに生まれ変わります。

まず、ハンガーの種類や色を統一（スーツ以外は細いハンガーが省スペース）して、ハンガーをバーに掛ける向きと洋服を掛ける向きを揃えます。トップス、はおりもの、ボトムス、ワンピース、コートなど、アイテム順に掛けると自ずと丈が揃いますから、下に余った空間に引き出しやワゴンを置きます。掃除しやすいよう、キャスターつきのものだとなお良しです。オフシーズンの布団などは、専用ケースに入れて上段に入れましょう。

問題は押し入れです。押し入れは本来、布団を入れるための収納スペースですから、洋服をしまうには少しテクニックがいります。まず、注意したいのはどこのお宅にもある、押し入れの奥行きに合わせたプラスティックの引き出しケース。これは出しても出してもまだ奥があり、引っ張り出したときに中身の重みでガタッと倒れたりしてとても危ないもの。奥に入れたものは死蔵品になりやすく、収納用品としても実は使いにくいアイテムです。

押し入れを収納しやすくするためには、手前にオンシーズンの服を、奥にはオフシーズンの服を入れること。奥行き半分のケースを用意して、春夏と秋冬で引き出しごと前後を入れ替えます。奥に入れるのは引き出しではなく箱でもいいでしょう。また、下段にケースや棚を入れるならば、キャスターをつけると移動や入れ替えが楽々です。

押し入れをクローゼットのように使いたければ、上段にクローゼットバーを設置してもいいですね。横長タイプもありますし、手前から奥に向かってスライドハンガーを取りつけても使いやすくなります。

□ クローゼットの収納は、①ハンガーを統一②洋服を掛ける向きを揃える③アイテム順に掛ける④下の空間に引き出しやワゴンを置く、の4ステップです

□ 押し入れサイズに合わせた引き出しケースは、意外と使いづらいので注意しましょう

□ 押し入れは手前と奥で入れ替えができるように収納します

□ クローゼットも押し入れも下段にしまうものはキャスターつきが理想です

80%を目安に入れる

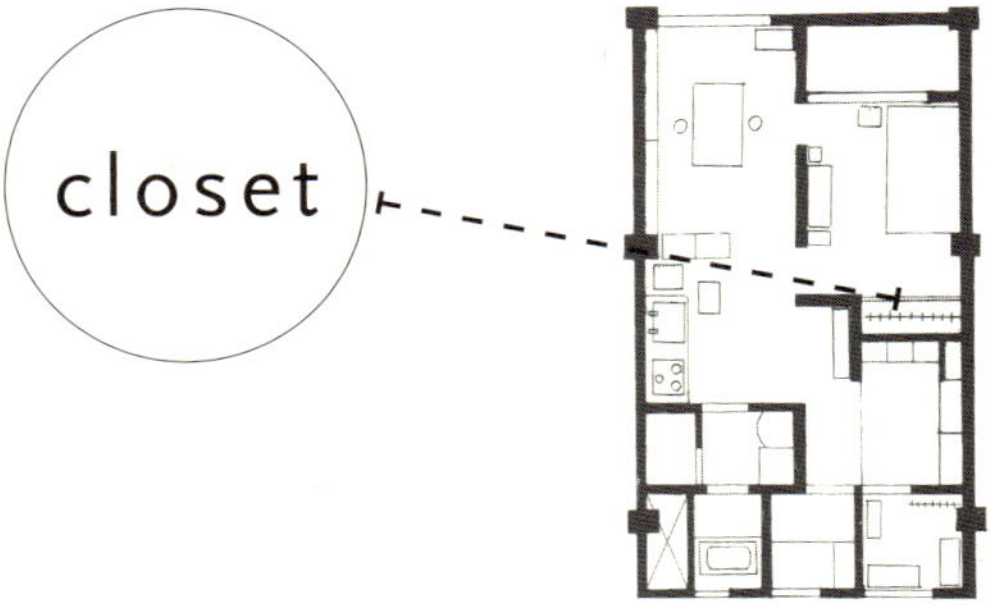

収納場所に常に１００%入っていたら、モノが増えたときにすぐに溢れてしまいます。詰め込みすぎは、シワのもとにも。クローゼットは8割を目安にゆったりと入れるようにしています。

さりげなく飾る

空間を快適にする飾り方を考える

さて、ふさわしい場所にふさわしい物をしまったら、次はいよいよ部屋を飾ります。しまった後に飾るのは、お風呂で体を洗ってから最後に着ていく服を考えるのと同じこと。すべてを所定の場所にしまって、すこしずつ飾っていきます。

物を飾るためには、はじめに場所選びから。玄関の靴箱の上や飾り棚の上、キッチンのカウンターの隅や壁面など、ちょっとしたコーナーを見つけたら、あくまでもやりすぎないように気をつけつつ、さりげなく飾ります。飾ったものを目立たせるには、あえて余白を取ることが大事。部屋の至る所に見せ場があったらただのごちゃごちゃした部屋になってしまいます。まず何をどう見せたいかで置き場所を決めます。

ひとつだけぽつんと飾るか、他の物や布などと合わせてスタイリングして飾るかによっても、全く違った見え方になります。物を加えたり外したりしながら、自分が好きな飾り方を探すのがいいでしょう。私はいくつか物を組み合わせて飾るとき、例えばガラス瓶やキャンドルだったら、奥に背の高いガラス瓶を置いてそれを軸にし、手前に中ぐらいのものと低いものをあしらいます。高低差を出すと立体感が出て、素材の重なった感じも相まって、ラフに置いても決まる気がします。

掃除しやすいように置くこと。物が置いてあれば自然とホコリもたまりますから、たくさん置きすぎないこと。面倒くさがりを自覚していらっしゃる方には、棚の上に物を置くよりも壁に絵や写真を掛けることをおすすめします。もしくは、花や植木を置くのもいいでしょう。水やり、水替えの際についでに置いている台も拭くようにすれば、そこまで手間にもなりませんからね。

また、天井からオーナメントやモビールを吊るすと、のっぺりした空間に広がりが出ますから、シンプルすぎて物足りないときにひとつ加えてはいかがでしょう。

□ 飾るときのポイントは余白を意識することです

□ 物を加えたり外したりしながら、自分が好きな飾り方を見つけていきましょう

□ 高低差を意識すると立体感が出て、ラフに置いても決まります

□ 掃除のことも考えて飾るようにしましょう

□ 絵や写真など壁面を利用して飾る手もあります

□ 天井からオーナメントやモビールを吊るすと、空間に広がりが出ます

素材やテイストを「混ぜる」

好きなものを組み合わせて、自分らしい部屋をつくる

インテリアの雰囲気がいいレストラン。おそらくオーナー夫妻が旅先から持ち帰ったであろう民芸品や置物などが、間をあけてぽつぽつと飾られています。世界各国から集められた物たちは、一見雑多なようでいて不思議と調和している。こんなふうに、価値観やキャラクターを映し出すような飾り方ができたら、と思っていました。

私自身もヨーロッパ、アメリカ、アジア、世界中に好きな国があります。どこかに特別縁の深い国があるということもなく、あちこちを気ままに旅してきました。そのおかげで、旅の思い出もいろいろ。背の低い本棚の上には、北欧、フランス、ドイツ、アジアなど、国も時代もバラバラな雑貨が集まりました。

物を選ぶときも、飾るときも、そんなバラバラ感が楽しい。北欧風やクラシックスタ

イルなど、好きなスタイルがあったら、それを土台にして違う要素を少しだけ加える。加えることに慣れたら、出自の異なるものを集めて、それらで構成してみる。ひとつのテイストでまとめないのは洋服の着方と似ているのかもしれません。同じブランドでコーディネートするとまとめやすいけれど、混ぜることで自分らしさが出てきます。

たとえば。北欧の白樺の小かごの横に、ドイツの蜜蠟キャンドルを飾る。奥にはポストカードを立てかけて。

フランスのチョコレートの空き箱を立てて置き、手前にエッフェル塔のオブジェとうさぎのミニチュア。

色だけでなく、柔らかさや硬さなどの素材感も季節や気分によって調整します。正解はないから、とにかく好きなように。ただいつでも、甘くなりすぎないように気をつけています。

- □ 好きなスタイルに少しだけ違う要素を加えてみましょう
- □ テイストを混ぜることで自分らしいインテリアが演出できます
- □ 色、素材など季節や気分でミックスを楽しみましょう

アレンジで楽しむ

春夏秋冬のインテリアを演出するアイデア

部屋を飾るだけのものは、ほんの少ししか持っていません。これらが増えると場所を取り、収拾がつかなくなるからです。お正月からクリスマスまで、一年の間には数限りなく飾る機会がありますが、一年のうち11ヵ月はそれらはしまい込まれているはず。収納が苦手な方は、季節物を多く持たないことをおすすめします。

たとえば、巨大なクリスマスツリーや段飾りのお雛様。収納が余るほどついている大きな一軒家ならいいですが、コンパクトなお宅であれば小ぶりなものを選ぶのがベターかも。同じように、お誕生日やお月見、ハロウィンなども、専用のものを用意せずとも雰囲気を出すことはできます。

わが家のクリスマスは、玄関にユーカリの枝と北欧の置物を飾っています。普段は部屋に掛けてある天使の絵も玄関に移動して、布を敷いたら完成です。また、実家は私たちが幼かった頃は大きなツリーを飾っていましたが、今は小さなガラスのクリスマスツリーを玄関に飾っているくらい。お子さんのいる友人はＩＫＥＡで生のもみの木を買ってきて飾りつけを楽しみ、期間が終わったらお店に回収してもらうのだそうです。

春・夏・秋・冬と四季に分けると、それだけ飾るための素材も用意しなければいけなくなるので、春夏と秋冬に分けて素材感を変えるだけにしています。

春夏は色や素材で軽さを出して、特に夏はガラスや金属など、硬質な素材で冷たさを強調します。色は透明、白、寒色系でまとめて、真夏には飾る量を間引くとすっきり感が出ます。

逆に秋冬は木やかごなど、ぬくもり感を演出する素材や、色は茶やオレンジ、暖色系を選びます。すかすかだと寒々しくなるから、春夏よりも物量をちょっと足してぎゅっとかためて賑やかに飾ります。お花を飾るときは、ぽってりとした厚手の陶器のジャグなどが役立ちます。

飾りつけは、どれも普段から家にあるものばかり。場所を移動したり、合わせる布を替えたりして、変身させます。模様替えのために買い物に行く前に、部屋の中でアレンジを変えてみる。思った以上に部屋は変わりますから、ぜひお試しくださいね。

□　飾るだけが目的の物が増えるほど、散らかる原因になります

□　季節限定の飾り物はなるべく持たないようにしましょう

□　クリスマスやハロウィンなどの飾りも、専用のアイテムでなくても工夫次第で楽しむことができます

□　春夏と秋冬に分けて季節感を演出するとうまくいきます

「余白」が何より大切

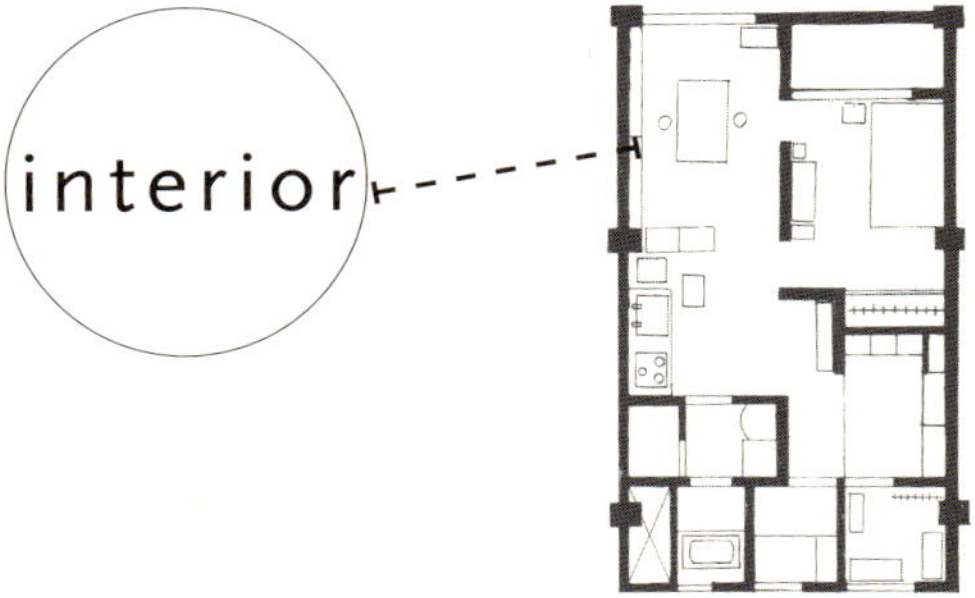

壁一面の本棚。たくさん入るからといって、ぎゅうぎゅうに詰め込んだりはしません。余白をつくると、機能だけではない美しさが生まれるから。それが、〝見せる〟本棚づくりのコツです。

季節感は、素材で演出

春夏と秋冬、季節感は素材選びでも出すことができます。決まったルールはありません。涼しそう・暖かみがあるなど、物から受けたイメージを重ねて、空間を彩っていきます。

第四章

「片づかない」を解決する「物選び」のコツ

これまでの片づけや物の取捨選択はすべて、次の物選びの糧になります。あなたらしい、新たな「物との関わり方」を考えてみましょう。

物を選ぶ……収納の出発点

何のための物？　どうして必要？　を考える

持ち物を処分して物量を減らすことは、もちろんお片づけの近道のひとつです。けれども、残念ながら、捨てるだけでは解決はしません。かつての私もそうでしたし、捨ててもまた散らかってしまう方がこれだけ多くいらっしゃって、収納の本や特集が星の数ほどあることからも、それは実証されています。

そう欲しくもない物を買ったり、事あるごとに使わない粗品や景品などをもらってきたり。そのうち家が物で溢れて我慢できなくなり、ゴミ袋何袋分も物を捨てる。原因を考えずにやみくもに捨てても、状況が一時的にましになるだけで、根本的な解決にはなりません。その証拠に、みなさんかなりの率でリバウンドして、ほとんどが元の状況に戻っています。また、それまでの部屋の散らかり具合を考えると、精神衛生上あまりいいことではないように感じます。

これは、好きなものを食べるだけ食べたら太ってしまうのと同じこと。最近は、ダイエットもただ極端に体重を落とすのではなく、代謝を上げたり太りにくい体をつくるのが良いと言われるようになりました。物とのつき合い方もそれと同じで、「手に入れる」ときの判断が最も大切です。

なんとなく、ストレス解消に買い物をしていませんか。

要らない物をもらってきたりしていませんか。

これまで「外に出す、処分する」ことに重点を置いていたのをやめて、「入ってくる」こと、つまり「物選び」のハードルをぐっと上げてみてください。

物が家に入ってきて出ていく。その一連の流れを意識するだけで、家もあなた自身も驚くほどすっきりするでしょう。

□「捨てる」ときではなく、物を手に入れるときを意識してみましょう

□物が増えたら処分する、という考え方をリセットします

□「なんとなく欲しい」で買ってはダメ。なぜ必要？　どう使う？　どこにしまう？　を考えます

□物が入ってきて、どのように使われるか。そのイメージを持つと、本当に必要な物が見えてきます

□必要な物だけが入ってくるのが当たり前になれば、「捨てる」作業はぐっと減るはずです

買うときの準備

「自分で選ぶ」シンプルな習慣を身につける

収納は、物を手に入れるときから始まっている。

最近とみに、物選びと恋人選びは似ているなと感じます。相手を知ってじっくり考えてから判断すると、良好な関係が長続きするから、どんなにルックスが良くてもすぐには飛びつかず、中身（＝機能面）も見るようにしています。

洋服を買うときは、後で紹介するクローゼットダイアリーであらかじめ買い物計画を立てます。今シーズン買うべき形や素材、色などを絞り込んでから購入すれば、後から手持ちの服と合わなくて困ることもありません。

道具類は一度手に入れると一生物になることもある。そういったプレッシャーが大きく、特に悩むジャンルです。また、素材的に土に還らないものが多く、処分する際に後ろめたい気持ちになるのも理由の一つ。疑問点があれば率直にお店の人に聞いたり、パーツの交換対応について前もってメーカーへ問い合わせたりもします。ガラス瓶ひとつでも長く使いたいから、必ず聞いて納得してから。おいそれとは買えないので探すのに力が入るし、調べるのも楽しいのです。

本や雑誌、ＣＤなどはレビューも参考にはしますが、それだけで決めずに自分の目で見て、耳で聞いて決めています。味覚のように、評判以上に自分の好みに合うかが重要だからです。人の判断に頼りすぎず、自分で選ぶ習慣をつけることが、素敵な物選びの一番のトレーニングだと思っています。

今は持ち物や気になる物をウェブ上でスクラップできるＳＮＳもあります。私は「Sumally」というサービスを、自分の好きな物を知るためのツールとして活用しています。それを眺めているだけで満足できるので、物欲が暴走する抑止力にもなります。また、買い物のときは携帯電話から情報を見て検討することもできます。

欲しいものと買ったものを記録する「物欲ノート」も、新たにつけはじめたひとつ。これからどのように役立ってくれるか、楽しみです。

□ 収納は物を手に入れるときから始まっています

□ ルックスだけで飛びつかず、機能面やメンテナンスのことも情報収集・検討してから購入しましょう

□ 情報を適度に活用しながら、自分で選ぶ習慣を身につけます

□ 持ち物や欲しい物を管理するサービスも利用してみましょう

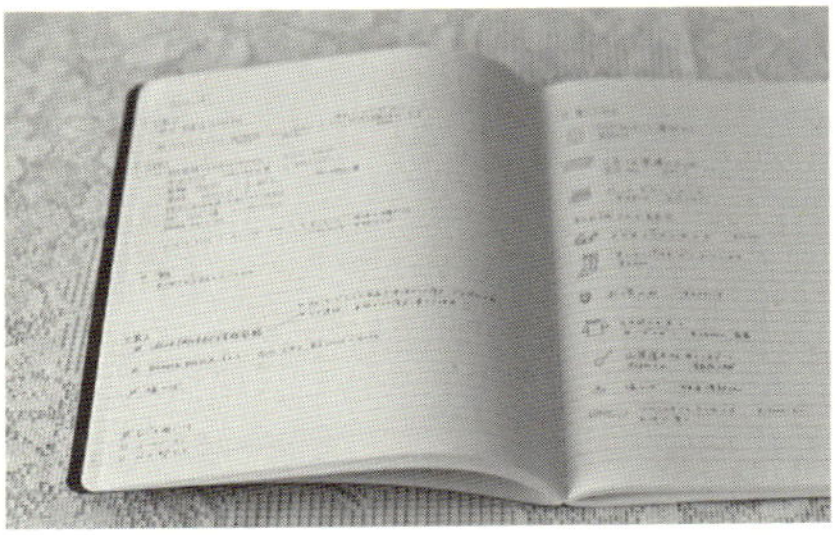

クローゼットダイアリーをつくってみる

私が辿り着いた、物とつき合う、理想の方法

「クローゼットダイアリーをつけています」と言うと、みなさん揃って「何それ⁉」「面白そう」と興味を持ってくださいます。

私がつくっているクローゼットダイアリーとは、今着られる服をアイテム別にリスト化したもの。年2回、春と秋の衣替えのときに次のシーズンのワードローブを整理してリスト化し、どのような着こなしがしたいかや何が足りないかを考えます。

衣替えは平安時代に始まった風習で、当時は中国の風習にならって4月1日と10月1日に夏服と冬服に着替えていたそうです。今は季節感も少しずつ前倒しされていますから、その少し前、夏と冬のセールが終わって次のシーズンの服がいよいよ立ち上がろうかというときに、持っている服を見直しています。半年ぶりに顔を合わせた服は、しま

ったときにはそう思わなかったのに、今年の表情をしていないものもあります。ここでもう一度ふるいにかけます。

そして、今季も続投できそうな服をアイテム別、出番が多そうな順にリスト化。

「定番もの＋旬アイテム＝一軍の服」

外に着ていけない部屋着などは、控え選手ですからこのリストには入れません。あくまでも、外に着ていきたい現役の服が対象です。

このように服の見直しをしてみたら、クローゼットの中に詰まっている服のほとんどが控え選手だったという方も珍しくありません。今ある服は一軍か、控え選手か。そして、何が足りないのか。なんとなくのまま次のシーズンに突入せずにきちんと見極めると、ワードローブも取捨選択されて自然と整頓しやすくなります。

クローゼットダイアリーで買い物の計画を立てます

数種類の雑誌から気になる写真を切り取って、ペタペタ。〝今シーズンの気分〟がわかります。「こんなコーディネートやアイテムが素敵」と、イメージトレーニングから始めます。

左は、アイテム別に着られる服をリスト化したもの。買い足したいものは付せんに。クローゼットダイアリーの他に、欲しいものや買ったものを記録する物欲ノートも加わりました。データを取るのが目的ですから、これらのノートには買い物の反省も記入します。

コート、ジャケット

- [ ] ウールコート・紺
- [ ] ロングジャケット・ベージュ
- [ ] ブレザー・紺
- [ ] ステンカラーコート
- [ ] ボレロジャケット・黒
- [x] Pコート・チャコール
- [ ]
- [ ]
- [ ]
- [ ]
- [ ]
- [ ]

トップス

- [ ] ボーダーカットソー ×3
- [ ] ブラウス・紺
- [ ] 〃 ・グリーン
- [ ] 〃 ・白 ×3
- [x] カシミアニット
- [ ] ドットブラウス
- [ ] チュニック・黒
- シンプルなブラウス 白
- [ ]
- [ ]
- [ ]
- [ ]

ボトムス

- [ ] カーキパンツ ×2
- [ ] デニム ×4
- [ ] ワイドパンツ ×5
- [ ] レギンス
- [ ] スカート ×2
- [ ]
- [ ]
- [ ]
- [ ]
- [ ]
- [ ]
- [ ]

バッグ

- [ ] 革バッグ大 ×2
- [ ] 〃 小 ×1
- [ ] ショルダー ×1
- [ ] カゴバッグ ×4
- [ ] トートバッグ ×7
- [ ]
- [ ]
- [ ]
- [ ]
- [ ]
- [ ]
- [ ]

はおりもの

- [ ] ロングカーデ
- [x] カーディガン・グレー ×2
- [ ] 〃 ・青
- [ ] 〃 ・黒
- [ ] パーカー・ライトグレー
- [ ]
- [ ]
- [ ]
- [ ]
- [ ]
- [ ]
- [ ]

ワンピース

- [ ] ウール・ムラサキ
- [ ] 薄手・黒 ×3
- [ ] サテン(パーティ用)・紺
- [ ] ストライプ
- [ ] ニット ×2
- [ ]
- [ ]
- [ ]
- [ ]
- [ ]
- [ ]
- [ ]

小物

- [ ] ストール ×4
- [ ] 冬ストール ×2
- [ ] 帽子 ×3
- [ ] メガネ ×2
- [ ] サングラス ×1
- [ ] 手袋 ×3
- [ ]
- [ ]
- [ ]
- [ ]
- [ ]
- [ ]

くつ

- [x] バレエシューズ ×1
- [ ] パンプス・黒 ×2
- [ ] 〃 ・ピンク ×2
- [ ] ショートブーツ ×2
- [ ] ロングブーツ ×1
- [ ] スニーカー ×2
- [ ]
- [ ]
- [ ]
- [ ]
- [ ]
- [ ]

定番もの

- [ ] ロングジャケット・ベージュ
- [ ] 古着のブレザー
- [ ] ストライプワンピース
- [ ] ボーダーカットソー
- [ ] ムラサキワンピース
- [ ] シンプル紺コート
- [ ] ルブタンのサンダル
- [ ] カゴバッグ
- [ ] ラフィアHAT
- [ ] ストール
- [ ] ロングネックレス
- [ ] ジュエリー
- [ ] 時計
- [ ] シャネルのバッグ
- [ ] リモワのスーツケース
- [ ]
- [ ]
- [ ]
- [ ]
- [ ]
- [ ]
- [ ]
- [ ]
- [ ]

献立から考える、うつわコーディネート

使うもののバリエーションの考え方

はじめは大きさや形などはあまり気にせずに、デザインでうつわを選んでいたように思います。結婚当初は雑誌を参考にお洒落な洋風料理をつくっていたのがだんだん和食中心になって、それに伴って少しずつ和食器が増えていきました。そして、料理をつくるのが楽しくなってきた頃に、つくる献立に合ううつわを揃えるといいのでは、と気づいたのです。

パンツ派、スカート派、ワンピース派の人がそれぞれ持っている服が違うように、つくるメニューによってうつわも異なります。わが家の食生活に必要なうつわは、どのようなものだろう。それを見極めるために、よく使ううつわベスト10を挙げてみました。

・お茶碗
・漆のお椀
・そば猪口——お茶、小鉢、スープ、デザート
・小皿（直径11センチ前後）——和菓子、醤油皿、副菜
・取り皿（直径15センチ前後）——おかずを取り分ける、ケーキ、デザート
・パン皿（直径20センチ）——パン、各自のメインのおかずを盛りつける、サラダ
・中鉢、中皿（直径19〜22センチ）——主菜、副菜、果物、丼、麺
・小鉢（〜直径15センチ）——副菜、スープ、果物、デザート、銘々鉢として
・長皿——焼き魚、刺身
・楕円皿——副菜、果物

わが家は煮物が多く、それもテーブル中央に大きな鉢を置いて取り分けるスタイルが常。そのため、中鉢と浅めの取り皿が大活躍しています。魚が主菜になるときは、長皿が目の前に置かれます。これが、基本のパターン。それら主菜に、野菜中心の副菜が2品ほどつきます。

ワンプレートに盛りつけることが多ければ、8寸（直径24センチ前後）ほどのお皿が

あるといいでしょう。おつまみを食べながらゆるゆると……という食卓には、小皿や豆皿が必要かもしれません。コロッケや生姜焼きなどの主菜を各自の皿に盛りつけるには、7〜8寸ほどの皿を中心にうつわ合わせを組み立てていきます。

このように、よく使ううつわは、その家庭でよくつくる料理をあらわしています。出番の多いうつわのバリエーションを増やしていけば形や大きさも揃いますから、収納も管理もしやすくなります。お手持ちのうつわを、用途別に分けて整理してみてはいかがでしょう。配置を変えれば、盛りつけるときのうつわ選びもスムーズになりますよ。

utsuwa

大きさやかたちが似たものは、用途も似ている。だから、うつわを選びやすいように、近くにまとめて収納します。それだけで、うつわ合わせがとても楽になるからです。

よく使うものを、
増やしていく

和定食のコーディネート

主菜1品＋副菜2品という基本的な献立の際のうつわコーディネート。お店の定食をイメージして、うつわの組み合わせを考えていきます。

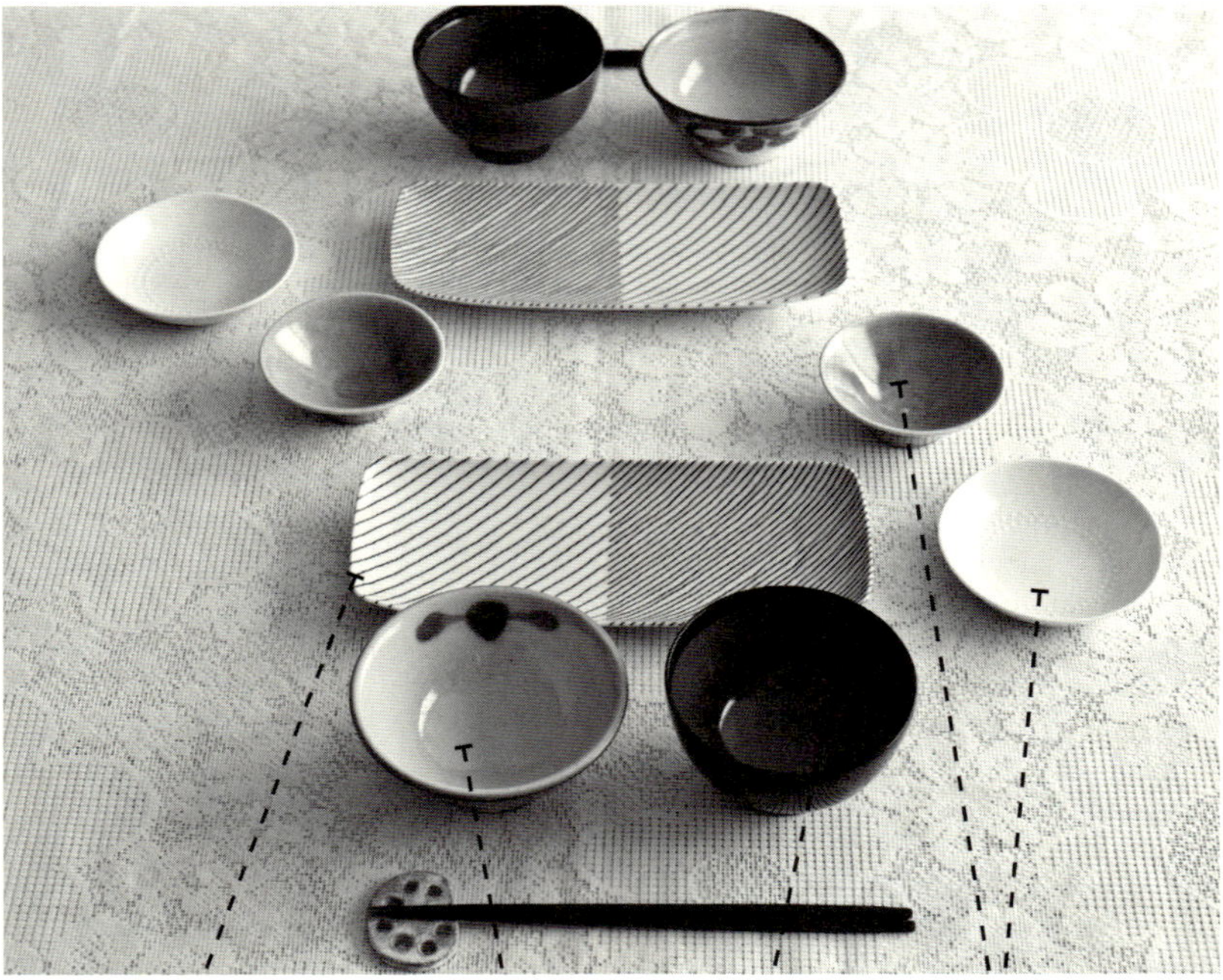

主菜　飯碗　汁椀　副菜

人数分のうつわがなくても、組み合わせで楽しめる

飯碗 ＋ 汁椀

必ずしも、家族の人数分同じうつわを持たなくてもよいと思っています。似たような雰囲気・大きさのうつわを使えば、逆に食卓が楽しくなるからです。

主菜 ＋ 副菜 ＋ 副菜

取り分けるコーディネート

わが家でいちばん多いのは、このパターン。ですから、中鉢と中皿はたくさん持っています。銘々皿の大きさや枚数は、その時々の献立に合わせて使い分けています。

銘々皿は、使いやすいと
感じた物の
バリエーションで

飯碗 + 汁椀

銘々皿だけでなく、わずかに深さのある銘々鉢も便利。多用できるうつわは、結果出番が多くなるので、使いやすいと感じたものをバリエーションで増やしています。

主菜 + 副菜 + 銘々皿

ワンプレートのコーディネート

パスタやカレー、オムライス、パンとオムレツとサラダを一緒に盛りつけて……。ワンプレートは洗い物が楽なので、お昼ごはんはもっぱらこれ。ワンプレートを使いまわしています。中皿や大皿を使いまわしています。

料理に合わせて、中皿、大皿を使いまわす

どんぶりの
コーディネート

うどんやそば、丼などもお昼ごはんや遅い夕食に出番多し。中鉢、大鉢も使いますし、それより少し口のすぼまったうつわを選ぶと、食べ物が冷めにくくてよいです。

使い勝手のよい
中鉢、大鉢で

お茶の時間のコーディネート

仕事の合間やお客さまなど、お茶を飲む機会は人一倍。小ぶりなお盆を使うと、おもてなし感がアップします。お皿かそば猪口のどちらかに柄ものを持ってきて、楽しげにまとめます。

小ぶりなお盆で、おもてなし感がアップする

大きいものから小さいものまで、お盆の使いやすさに近頃目覚めました。こちらは三谷龍二さんの漆のお盆。カジュアルなので、日常使いにぴったり。料理を盛りつけてもよさそうです。

「探す」を楽しむ

「宝探し」のように自分の求めているものを見つける

買い物は楽しいはずなのに、手に入れた瞬間になんだかあっけなく感じることはありませんか。ときには支払いをしながらうっすら後悔することもあったりして。衝動買いのときほどそう感じるのは、気のせいでしょうか。

実は、「買う」よりさらに楽しいことがあります。それは「探す」こと。それこそが買い物の醍醐味ですから、そこを省いてしまってはもったいない。日常の中でも小さな宝探しはできるのです。

そのためには、まず物との向き合い方を少しだけ変えてみます。

商品は買ってもらうためにつくられているのだから、良いのは当たり前。「かわいい！」と衝動買いする前に深呼吸して、〝かわいい〟の一歩先にある自分のニーズに合うかを見極めます。洋服などは特にそう。それ自体が素敵なのはもちろんのこと、それ以上に着た人を素敵に見せてくれるかがもっと大事です。

また、他の人にとって良いものが自分にとっても絶対にそうとは限りません。定番品は多くの人に受け入れられている実績がありますが、だからといってそれが唯一の正解ではないのです。

ほんのわずかでも迷うときは、一旦売り場を離れてお茶でも飲みながら検討します。その日は決めずにひとまず家に帰ることもあります。値段がネックになっている服などは、ときには数回試着させてもらうこともあります。

なぜ好きなのか、逆にどこが気に入らないのか、それを自分はどう使うだろう、用途に合うだろうか。その都度考えることで、自分がどんなものを求めているかが見えてきます。

つい先日、炊飯用の鍋を数年越しでようやく手に入れました。ティーポットは実家から持ってきて愛用していたものが割れ、数年かけて探したものもまた割れてしまい（他のうつわはほとんど割らないのに！）、また再びポット探しの旅に出たところです。他にも数年がかりで探しているものはいくつもあって、それらを探しながらウィンドウショッピングをするのが私の楽しみなのです。

□ 買い物は「宝探し」。物との向き合い方を少しだけ変えてみましょう

□ かわいいもの、他人のおすすめや定番アイテムは実は要注意。それが自分に本当に似合う物なのかよく考えて

□ 迷うときは、一呼吸おく余裕も大切です

□ 「探す」ことを楽しみながら、自分にとっての定番を見つけていきましょう

持つ物のルールを決めておく

自分なりのゆるやかなルールを決めておく

使いやすい物とそうでない物があるように、収納しやすい物がある一方で、どうにもしまいにくい物もあります。

収納しやすい物の特徴は、まず形が揃っていること。たとえば本やCD、お皿、そば猪口、布類などは規則性をつくりやすく、まとめたときに形も整うので、収納スペースに収まりがいいのです。

同様に、解体できる・多用できる・重ねられる物も扱いやすいので、こういった物を選んでいます。どちらにしようか迷ったら「小さくて高価なもの」を。「大きくて安いもの」は後で手に負えなくなることが多いので避けています。

仕事柄、「うつわの作家さんの個展などに行くときは、どのように買い物をしていますか？」とよく聞かれます。たしかに、作品展はどれも手づくりで一点物ばかり、その場で判断しなければなりません。そういうときは、豆皿や箸置き、そば猪口を買うことにしています。以前は鉢ものなど大ぶりなものを選んでいましたが、ある程度数も揃いましたし、持っているものとぴったり重ならなかったらどうしようと毎回思い悩むので、今は「小さいものを」と決めています。もちろんこれは、ゆるやかなルール。どうしてもという物と出会ったら、その限りではありません。

また、食欲のコントロールならぬ、物欲のコントロールもしています。お腹がすいたときに低カロリーのものをつまんで満たすように、むらむらと買い物をしたくなったら洋服屋さんや雑貨屋さんへは行かずに、デパ地下の食料品売り場やお洒落な食材を扱う店、お花屋さんへ向かいます。食料やお花は、「消えもの」と言われる消耗品。食料は、食べたらお腹におさまっておしまいだから、後を気にしなくていい。そのうえ高級なものでもそこそこの金額ですみますから、家もお財布も助かって一石二鳥です。

□　物には収納しやすい物・しまいにくい物があります

□　形が揃っている、解体できる、多用できる、重ねられる……収納しやすい物の特徴を観察してみましょう

□　どんなものを選ぶか、自分なりのゆるやかなルールを決めておきましょう

□　「物欲のコントロール」も大切。「消えもの」で物欲を解消するのも手です

持たない物

使う期間や目的が限定的な物は「持たない」という選択

以前、取材にいらしたライターさんから「フランス人は使い道が5通りあるものでないと買わないらしい」と聞きました。一つしか使い道がないのは当たり前だからだそうで、合理的で審美眼に絶対の自信を持っているフランス人らしいエピソードですね。

それだけ厳しい目を持っていれば、どんな人でも素敵に暮らせます。生活感溢れる家から脱却してすっきり暮らしたいのであれば、「持っていて当たり前」という固定観念は捨てましょう。たとえば、そう広くないマンションの一室に、広大な敷地に建てられた一軒家と同じ物量が入っていたら片づかないのは当然。きれいに暮らしている人たちは、しなやかに取捨選択をしています。

「発想の転換をして工夫すると、なくて不便と感じることはない。持たないことを楽しんでいるから」と話してくれた人もいます。

また、使う期間や目的が限定的なものも、再考の余地ありです。わが家もないものだらけ。せいぜい数ヵ月に一度しか乗らない車は、近くに24時間営業のレンタカーがありますし、カーシェアリングも少しずつ浸透してきました。パーティ用ドレスやジャケットは一組だけ持って、会場やメンバーによってはレンタルします。以前、クロエのロングドレスとクリスチャン・ルブタンのサンダルを借りて、おかげで気後れすることなく場の雰囲気を楽しめたこともあります。靴1足分ほどの予算で全身揃えることができ、クリーニングや防虫剤など保管と手入れのストレスも皆無ですから、今後も機会があれば利用したいと思っています。

将来は、客用布団もレンタル候補です。この先引っ越してゲスト用の部屋ができてもきっと布団は持たないでしょう。自分たちがベッド派ということもあり、年に数回いらっしゃるかどうかわからないお客さまのためだけに押し入れと布団を管理するのは大きな手間だと感じています。

所有するためのスペースや手入れの手間、気苦労もすべて込みのレンタル価格ですから、スーツケースや赤ちゃんグッズなども、場合によってはレンタルしてもいいかもしれません。所有することに、こだわらない。物とのつき合い方、そろそろ変えどきだと感じています。

□「持っていて当たり前」という固定観念を捨てましょう

□工夫次第で、持っていなくても不便ではないかもしれません

□使う期間、用途が限定的な物も、本当に必要かどうか考えてみましょう

□車やパーティ用のドレス、レジャー用品などレンタルで十分なものもあります

「10年選手」から、物を考える

愛着だけでは長く使えない物もあることを知る

雑誌などではよく、10年物、一生物という特集が組まれます。そういった記事を見つけるたびに、貪《むさぼ》るようにして読みふける私がいます。では、自分はどうだろう。10年前は20代半ば、その頃から今まで愛用しているのはどのようなものでしょうか。

私は一人暮らしの経験がないので、キッチン道具や家具は早くから独立していた人と比べるとほんの少ししか持っていませんでした。それでも、なけなしのお金をはたいてお鍋を買い、それを大切に抱えて持ってきました。キッチン道具や家具のほとんどは実家のお下がりばかりで、それはある意味10年どころでなく大活躍しています。

ファッションアイテムは、洋服はほとんどなくて、大部分がジュエリーや時計、小物（バッグ、ストール）類です。服や持ち物には流行がありますし、さらに体型やライフスタイルの変化、素材の消耗もありますから、大いに惚れ込んだからといって長く着られるとは限りません。

たとえば、ピカソも着ていたというボートネックのカットソーは、学生時代から20代後半まではユニフォームのように愛用していたのに、30代になったらサイズ感や首元のあき具合がどこか似合わなくなってしまいました。きっと、顔つきや体型、着こなしが変化したのでしょう。今はしばらく離れていますが、この先また着ることになる気がします。定番ブランドのシンプルなアイテムでもそういうことはしばしばあり、「ふつうのTシャツにスカートという格好が似合わなくなって驚いたわ。シンプルな服は永遠に着られると思っていたから」と言っていた人もいます。

このことからも、洋服や靴は消耗品と位置づけています。よく言われる「10年物」は、あくまでも結果論。はじめから10年着られるベーシックなものだからと奮発しても、そうならないことも多いと学びました。

それとは逆に、好きだから持っているのではなく必要だから家にあるものは、こだわりがないからこそ入れ替わりがなく、なんとなく長く使うことになります。たとえば、はさみ、カッター、ごみ箱、掛け時計などがそう。だから、そういう細かなものほどちゃんと選びましょう。そこを押さえると家がぐんとおしゃれになるからです。

□ 定番だから長く使えるわけではありません

□ ベーシックな物は流行には左右されませんが、体型や好みが変化することも

□ 必要だから家にあるものは、長く使うことを前提に選ぶようにしましょう

一生物ってどんなもの？

「長くつき合える物」の、その理由を考えてみる

この10年使い続けてきた物を並べてみると、その人によって長持ちするジャンルがあることに気づきます。

私の場合は、ジュエリー、腕時計、台所道具、家具。これらについては軽々しく手に入れずに、何年貯金してでも他には代えがたいものを妥協せずに手に入れます。

また、アンティークの家具や雑貨をよく見ていると、時代を越えるのはどういう物かが少しずつわかってきます。私が愛着を感じるのは丁寧につくられた手仕事の道具や、スタイルを変えずに同じ製品をつくり続けているブランドが多いようです。

たとえば、毎朝毎晩使っている銅のやかんは、新潟の玉川堂《ぎょくせんどう》というメーカーがつくる、無形文化財。本体と注ぎ口の間に継ぎ目がなく、注ぎ口まですべて一枚の金属板か

ら打ち出されています。もちろんアフターフォローも万全。たとえば、あけびのつるが傷んだら新しくしてもらえますし、内側の錫《すず》は塗り直してもらうこともできます。

同様に、漆の製品なども長く使い続けたいという願いにこたえて、惜しみなくサポートしてくださいます。このようなものを生活に取り入れたおかげで、本物とつき合うというのはどういうことか、まだ入り口に立ったばかりだけど、少しずつわかりはじめた気がします。

自分のことだけでなく、少し年上の人たちの買い物や持ち物を見て、将来の姿を重ねて研究させてもらうこともあります。彼らは自分のお眼鏡にかなうものがそう多くないことを知っていますから、無駄なものにはおいそれとは手を出しません。かわいいわね、面白いわねと楽しみつつ、適度な距離を保って冷静に観察しています。そして、これだというものと出会ったときは、スマートにそれを手に入れるのです。

その点、私の買い物はまだまだ子どもっぽい。今だけ楽しめればいいと最初から割り切っているものもあるし、失敗するかもとわかっていても勉強のために試したいものもある。まだ、すべてをそぎ落とす年齢ではないと思っているからかもしれませんね。もうしばらくは、右往左往していたいのです。

□ 自分が長く使い続けている物を並べて、共通点を見つけてみましょう
□ デザイン、素材、使い勝手……どんな物に愛着を感じていますか？
□ たとえ高価でも、メンテナンス等をしっかりしてくれるところなら、長く使い続けることができます
□ 自分より年上でセンスのいい人の買い物なども参考にしてみましょう
□ 一生物は、まさに一生かかって得られるもの。焦らず見つけていきたいですね

「定番アイテム」の考え方

クローゼットダイアリーで見えてきた、私の「定番」アイテム

クローゼットダイアリーをつけていると、新しい物に目がいく一方で、どれだけ季節が巡っても変わらず好きな物もあることに気づきます。洋服の遍歴の記録は、自分にとっての定番探しにも一役かってくれます。

たとえば、ボーダーのカットソーは10代から着ていて、毎年デザイン違いで1〜2枚は買い足しているアイテムです。ベーシックで着る人を選ばず、着こなしが決まりやすい有り難いアイテム。こういう駆け込み寺のようなものを「定番」といいます。

クローゼットダイアリーをつくってわかった自分の定番。その定番20アイテムが基本のワードローブになります。もちろん、好きな物やよく着る物だけでなく、人に褒められた服を入れてもいいでしょう。

私の定番20アイテムは、ウールコート・ステンカラーコート・ジャケット・カーディガン・シンプルニット・お出かけワンピース・カジュアルワンピース・華やかブラウス・ボーダーカットソー・インナーカットソー・タンクトップ・デニム・カーゴパンツ・ワイドパンツ・バレエシューズ・パンプス・ロングブーツ・カジュアルトート・かごバッグ・お出かけバッグ。着心地のいい素材で、さりげなくディテールに凝っているものが好きです。

色は黒、紺、グレー、ベージュ、カーキ、白などの基本色をベースに、差し色はトップスやストールでスモーキーなピンクや水色、ラベンダーを加えます。柄物ならばストライプ、ボーダー、水玉。たまにシックな花柄も手に取ります。

リストをつくるのが面倒という方は、好きな服ベスト20をずらっと並べて写真を撮ると共通点が見えてきますよ。

□　クローゼットダイアリーを点検して、「自分の定番」を考えてみましょう

□　その中の20アイテムがあなたの基本のワードローブになります

□　好きなもの、よく着る物、人に褒められた服……それらが定番にふさわしいアイテムです

□　好きな服ベスト20をずらっと並べて写真に撮るだけでも、発見があります

□　定番アイテムをベースに季節ごとに買い足す物を考えます

手入れ、メンテナンス

買うときには忘れがちなこと。長く使うためにも考えておく

好きで選んだ物は、できるだけ長く使い続けたい。長くつき合っていきたいから、多少の手間は厭《いと》いません。面倒くさがりなのに、こういうところだけは細かいのです。

パソコンなどの機械類はホコリが故障の原因になることが多いので、まず置き場所に気をつけます。クーラーや暖房器具もこまめに掃除して、ときには専門の業者にクリーニングを依頼します。清潔さを保つうえでも、やるのとやらないのとでは大違いです。

洗濯機は、買い替えたときに「なんて高い買い物でしょう」と驚きました。一年でも長持ちするように、毎回洗濯を終えたらフィルターにたまったホコリを取り除いて、カビ防止のために洗濯槽を乾燥させます。これらの方法は、家電を設計している夫の直伝。おかげでわが家は家電が長持ちして、彼が使っていた洗濯機は12年で買い替えて、

掃除機は14年目。もちろん、家電に関しては日々進化していますから、長く使うことだけが良いとは言い切れませんが、大きな出費になりますから気を配っています。

また、ファッションアイテムのお直しもこまめにしているほうです。もちろんできることは自分でもやりますし、専門の業者も利用しています。裾の丈つめだけでなく、ジャケットの肩つめ、袖丈の直し、しみ抜き、革製品のクリーニングなど、サービスは多岐にわたります。あきらめずに、まず相談。もしかすると、見違えて戻ってくるかもしれませんよ。

靴は買ってすぐに靴底を貼ります。ヒールの先のクッションになっているゴムも、シーズン中1回くらいは直します。高くて細いヒールほどかかとに負担がかかるので気にかけて。服も小物も、しっかり手をかけていれば、いつまでも古びずにつき合えます。

□ 道具、特に家電製品は使い方の工夫で、長く使い続けることができます

□ 説明書などにも記載されていることが多いので、上手にメンテナンスをしながら使っていきましょう

□ 買い換えたほうが安上がりのこともありますが、無闇に捨てない暮らし方もありです

□ ファッションアイテムもお直しに出すと見違えることがあります

□ メンテナンスは物と自分のつき合い方を考える良い機会です

おわりに

ただ片づけるだけではない、その先を考えたら
いつのまにか、モノとの関わり方も変わっていました。
片づけが苦手だったはずなのに、
ずっと楽になりました。

すっきり片づいた部屋は、「結果」です。
それをどんどん紐解いていって、
スタート地点が「物選び」だと気づきました。

自分の生活に必要で、
使いやすく、しまいやすい物を適量持つ。
もちろん、適量とは人それぞれですから、

〝忙しいときでも、無理なく管理できる量〟としました。

手に余るほど、ありとあらゆる物が欲しかった私は
もういません。
その代わりに、帰りたくなる場所と
家族や友人との豊かな時間を手に入れました。

どうして片づけるの？
なぜ欲しいの？
その答えは日々変わっていくから
これからも、私は自分自身に問いつづけます。

この本を読んでくださった「モノ好き」な方々が
モノを通じて暮らしやご自身を見つめ直し、
さらなる心地良さや豊かさ、楽しさを
感じていただけたら幸いです。

柳沢小実 やなぎさわ・このみ

エッセイスト、整理収納アドバイザー。1975年、東京都に生まれる。日本大学芸術学部写真学科卒業。『シンプル暮らしのお片づけ』（大和書房）、『30歳からの暮らし方』（地球丸）、『暮らしのアイデア帖』シリーズ（ピエ・ブックス）ほか、暮らしにまつわる著書多数。ファッションと美味しいものが好きで、収納好きが高じて、整理収納アドバイザー1級の資格を取得。手間をかけずにすっきり見える収納法を日々研究中。雑誌などでライフスタイルやモノ選びについて数多く紹介、商品開発も手がけている。

シンプルな暮《く》らしの設計図《せっけいず》

2011年12月15日　第1刷発行

著者　柳沢《やなぎさわ》　小実《このみ》

ブックデザイン　若山嘉代子 L'espace

写真　牧田健太郎

発行者　鈴木　哲

発行所　株式会社講談社

〒112-8001　東京都文京区音羽2-12-21

電話　編集部(03)5395-3529

販売部(03)5395-3625

業務部(03)5395-3615

印刷所　図書印刷株式会社

製本所　株式会社国宝社

本文データ制作　講談社デジタル製作部

落丁本・乱丁本は、購入書店名を明記のうえ、小社業務部あてにお送りください。送料小社負担にてお取り替えいたします。なお、この本についてのお問い合わせは生活文化第二出版部あてにお願いいたします。

ISBN978-4-06-217378-0